LOS EXPERTOS ELOGIAN

RECETAS PARA EDUCAR

MW00711922

«Todos los padres o los que aspiran a serlo deberían leer este libro. Esta "receta" constituye una estupenda medicina.»
– **Frank A. Oski, D.M.**
Jefe de Pediatría
Johns Hopkins University

• • •

«Padres, abuelos y otras personas que tratan con niños agradecerán los consejos prácticos que aquí se ofrecen.»
– **Edgar O. Ledbetter, D.M.**
Director del Departamento de Salud Maternal, Infantil y Adolescente
American Academy of Pediatrics

• • •

«Si la falta de responsabilidad o el mal comportamiento de sus hijos le tiene frustrado, ¡eche mano de este libro y siga sus "recetas"! Le enseñará cómo tomar la delantera en pos de una familia más feliz y de unos niños más sanos.»
– **Jean Illsley Clarke**
Autor de *Self-Esteem: A Family Affair, Help! for Parents* y *Growing Up Again*

• • •

«Alegre... pragmático... cargado de perlas prácticas, efectivas y eficaces, sencillas de digerir y aplicar.»
– **Albert Reichert, D.M.**
Profesor de Pediatría, Psiquiatría y Ciencias del Comportamiento
Universidad de Washington

• • •

«Una aproximación extraordinariamente práctica a los problemas con que todos los padres se encuentran durante el período de educación de sus hijos... y, lo mejor de todo, no hace falta ser licenciado en psicología para entenderla. Me hubiera gustado que la doctora Meeks hubiese tenido a sus hijos diez años antes, o incluso más.»

– James A. Stockman III, D.M.
Profesor y Jefe del Departamento de Pediatría
Facultad de Medicina de la Northwestern University

• • •

«Una lectura agradable y útil... Aquellos que busquen recetas, las hallarán aquí. Los que quieran ideas y puntos de vista diversos, también los encontrarán en este libro.»

– Richard D. Krugman, D.M.
Subjefe del Departamento de Pediatría
University of Colorado Health Sciences Center

• • •

«Una refrescante ruptura con la tradición... Este libro me ha impresionado profundamente.»

– Stephen Ludwig, D.M.
Jefe de División de Pediatría General
Children's Hospital of Philadelphia

• • •

«De agradable y fácil lectura y enorme utilidad. Las ideas que proporciona *Recetas para educar* serán de incalculable valor para todos los padres, así como para todo aquel que trata con niños.»

– Marianne Neifert, D.M.
Autora de *Dr. Mom*
Profesora Adjunta de Pediatría
University of Colorado School of Medicine

• • •

«Una lectura deliciosa y llena de datos de gran utilidad... Lo que aprendan los padres les ayudará a disfrutar de sus hijos, a fomentar su autoestima y autocontrol, así como a evitar batallas innecesarias.»

– Barry Zuckerman, D.M., F.A.A.P.
Director de la División de Pediatría del Comportamiento y del Desarrollo
Boston City Hospital

Carolyn Meeks

RECETAS PARA EDUCAR

Una guía que ofrece soluciones prácticas y simples
para acabar con los conflictos cotidianos

Ilustraciones
Michael J. Buschmohle

EDICIONES MEDICI

La edición original de esta obra ha sido publicada en Estados Unidos por Warner Books, Nueva York con el título

PRESCRIPTIONS FOR PARENTING

Traducción **Marina Widmer**

Diseño de la cubierta **Cèlia Vallès**

Décima reimpresión 2005

© By arrangement with Warner Books, Inc. New York
   y para la edición española
© 1993 Ediciones Médici
   Plató, 26 - 08006 Barcelona
   www.ediciones-medici.es

ISBN: 84-86193-48-6
Depósito legal: B. 23.016-2005
Printed in Spain
Hurope, s.l.

Índice de materias

Si usted ha probado ya todas las técnicas que este libro sugiere y sigue teniendo dificultades, puede que necesite ayuda y consejo profesionales. Es posible que existan causas subyacentes que expliquen esos problemas de comportamiento. Quizá no se trate más que de diferencias de temperamento o del estrés familiar, pero cabe asimismo la posibilidad de que existan leves, o incluso serios, problemas físicos y/o psicológicos, atribuibles a factores tan diversos como la vista, el oído, la asimilación de palabras, problemas de atención y de concentración, autismo o depresión infantil. Consulte a un médico o a un profesional cualificado para obtener referencias y ayuda si fuese preciso.

A
John, Mary y Richard,
mis tres joyas más preciadas,
y a mamá y papá,
mis maravillosos padres

Nota de la autora

Con el fin de simplificar, he preferido usar un solo género, masculino o femenino, para referirme a cada uno de los dos sexos. Sin embargo quiero dejar bien claro que aunque en un pasaje hable de un niño y en otro de una niña, en ambos casos me estoy refiriendo a los niños en general, con independencia de su sexo.

Agradecimientos

AGRADEZCO ESPECIALMENTE...

En primer lugar y ante todo a mis hijos, John, Mary y Richard, por su interés y apoyo. También a esos padres y niños que acuden a mi consulta y a mis clases, los cuales, junto con mis hijos, proporcionaron y probaron el material para este libro.

A Henriette Anne Klauser, D.F., autora de *Writing on Both Sides of the Brain,* por su gran ayuda a la hora de emprender este proyecto.

A mi ilustrador, Michael Buschmohle, que dio expresión artística a mi «visión» del libro.

A Sharon Mehdi, por su inestimable colaboración durante la redacción del libro.

A Linda Crisalli y Hallie Appel, que me ayudaron en las revisiones finales del manuscrito.

A Jean Clarke, D.F.; Michael Rothenberg, D.M.; Tona McGuire, D.F.; Rudolf Dreikurs, D.M.; Jennifer James, D.F.; Bob Bradbury, D.F.; Sondra Ray; Claudia Warning, M.A.; Jerry Jampolski, D.M.; así como a Dorothy Briggs, M.A., ya que las enseñanzas de todos ellos influyeron en mis creencias y perspectivas.

A Tona McGuire, D.F.; Marvin Ack, D.F.; Marianne Neifert, D.M.; Al Reichert, D.M. y Matt Speltz, D.F., por su revisión del manuscrito y sus sugerencias, así como por su apoyo constante.

A Brian Zeltner y John Meeks, por sus hechizos con el Macintosh; a Gerrie Hungate, Rod Clarke y Kristin Shirts, por su asistencia técnica.

A mis maravillosos amigos y familia, que fueron mis confidentes y mi tabla de salvación, prestándome su apoyo emocional a lo largo de los dos años y medio de la preparación del libro.

Y, por último, a mi editora, Joann Davis, por sus astutas preguntas, sinceridad y experiencia.

Prefacio

Este libro trata de la pesadilla número uno de padres de niños pequeños y adolescentes —la lucha generacional—, sus causas, formas de evitarla y cómo salir airoso si se ha dejado llevar por ella. Es de ese tipo de libros que uno puede llevarse unos minutos al cuarto de baño, y salir siendo mejor padre de lo que se era al entrar.

He tratado de hacer un libro accesible y de fácil comprensión, de tal manera que si usted no tiene tiempo más que para las ilustraciones, capte el mensaje. Y dado que los padres que se sienten bien con ellos mismos y disfrutan de la vida tienden a tener niños a los que les ocurre lo mismo, este libro trata también de la autoestima y de qué manera incrementarla, en usted y en su hijo.

En la parte I, Reglas Básicas para Educar, descubrirá cinco maneras sencillas y comprobadas de hacer desistir a sus hijos de portarse mal, y cinco maneras para fomentar en ellos una conducta deseable. Aprenderá, en cinco sencillos pasos, cómo reaccionar ante cinco problemas de comportamiento de los más comunes, gimoteos, habitaciones desordenadas, dramas al acostarse, no querer hacer los deberes y peleas. Por otra parte, usted se formará unas expectativas más realistas para su hijo, más acordes con su edad.

La parte II, Educación Enriquecida, simplifica los conceptos que usted va a necesitar para que sus hijos crezcan felices. Aprenderá las máximas para evitar la lucha generacional y desligarse de ella, y para ayudar a su hijo a crecer independiente y responsable de su propia conducta.

En la parte III, Sentirse Bien, conocerá algunas formas de incrementar la autoestima de su hijo, y también la suya. Asimismo aprenderá a evitar los complejos de culpabilidad y a pasarlo mejor en familia.

He procurado incluir gran cantidad de alusiones útiles y recordatorios, o *recetas para educar,* al final de cada capítulo. Usted puede recortarlas y ponerlas en la puerta de la nevera, cerca de su cama o sobre la mesa de su despacho. Cuanto más recalque estos pensamientos e ideas, antes pasarán a formar parte de usted mismo.

¡Cuídese y disfrute!

—Carolyn Ann Meeks, D.M.

Introducción

Un año después de haber terminado mi residencia en pediatría en la Universidad de Colorado, en Denver, nació mi hijo John. Dieciocho meses más tarde, la pequeña Mary vino al mundo. Pasados dos años, Richard llegó para colmar nuestra alegría.

En los tiempos en que mi primogénito tenía cinco años, yo había cursado ya dos de los mejores programas de formación pediátrica del país, además de haber ocupado un puesto de internista en medicina interna. Me aseguré una beca para estudiar farmacología pediátrica, y me convertí en una investigadora reconocida a nivel nacional, en materia de enfermedades infantiles infecciosas. Como especialista estaba muy solicitada entre los profesionales de la medicina de todo el Noroeste. Muchos me consideraban una «chica de oro» de la medicina.

Parecía, pues, que en el campo profesional tenía el mundo en mis manos. Sin embargo, como madre de tres niños, inteligentes y vivarachos, ya no estaba todo tan claro. ¿Por qué, si es que realmente sabía tanto, era incapaz de controlar su conducta? ¿Por qué razón mis hijos eran quejicas, se peleaban y se negaban a ponerse el pijama? ¿Por qué decían siempre que no a todo, eran desordenados y se emberrinchinaban en el supermercado? ¿Por qué se metían debajo de la mesa cada vez que íbamos al restaurante, nos interrumpían mientras hablábamos y se ensuciaban al instante de cambiarles la ropa?

Mis padres pensaban que los niños eran ingobernables. La canguro pensaba que esos niños eran ingobernables, e incluso mi marido pensaba que los niños eran ingobernables.

¿Por qué no era perfecta mi manera de educarlos? En teoría, yo debía de conocer todas las respuestas; pero, en realidad, ignoraba la mayor parte de ellas. Los retos académicos y profesionales a los que me enfrentaba eran insignificantes comparados con los que se me planteaban en casa a la hora de decidir cómo educar a mis propios hijos.

El punto de inflexión para mí, para mis hijos y para mi carrera profesional se produjo un día de la primavera de 1980, cuando me dieron un consejo que respondía a uno de mis problemas.

El lloriqueo constante de John que, yo pensaba, desaparecería cuando cumpliera los dos años, había acabado por destrozarme los nervios. Nada de lo intentado por mí parecía surtir efecto alguno; al contrario, sólo conseguía agudizar el problema. Yo estaba desesperada. El consejo que me dieron consistía en una simple «receta» para curar lo que se había convertido en un hábito de conducta infantil increíblemente exasperante. Apliqué la fórmula y, al cabo de tres días, mi hijo había dejado de lloriquear. Me quedé tan impresionada ante ese resultado que decidí apuntarme de inmediato a un curso universitario sobre psicología infantil.

Durante los cinco años siguientes fui como una esponja. Estudiaba pediatría conductual, medicina conductual, terapia familiar, intervención en crisis, educación y terapia de autoestima... Quería aprender todo lo que pudiera sobre cómo ser una madre más efectiva, además de transmitir a los padres de mis pacientes todo lo que yo había aprendido.

Una de las primeras cosas que comprendí fue que se plantea un conflicto básico cuando se quiere controlar a los hijos y se desea educarlos para que sean independientes, seguros de sí mismos y, en definitiva, individuos creadores. Cada vez me parecía más seguro que debería renunciar a uno u otro propósito, así que decidí prescindir de mi necesidad de controlarlos. Descubrí que si adoptaba el papel de un entrenador en lugar de desempeñar el de madre controladora, podría modificar mi manera de pensar, y también la conducta de mis hijos. Un entrenador conoce la forma de estimular a sus jugadores, y también sabe cómo manejar el silbato y establecer límites. En los años siguientes, a medida que avanzaban los cursos para familias que yo impartía sobre educación y autoestima, me daba cuenta de que el hecho de acrecentar la autoestima, tanto la del niño como la de sus padres, tenía un efecto espectacular y positivo a la vez sobre la conducta del niño. En 1984 fundé el Instituto de Investigación Educacional (Parent Resource Institute), en Seattle; un centro de asistencia para padres desesperados, que quisieran «huir».

John, Mary y Richard, que ahora tienen catorce, doce y diez años respectivamente, constituyen alegres y deliciosos ejemplos de lo bien que funciona el concepto de padres como guías frente al de padres como controladores. Cada una de las técnicas e ideas que aparecen en este libro, por insignificantes que parezcan, han sido puestas en práctica con éxito, ya sea con mis hijos o con mis pacientes. Gracias a esas técnicas puedo reírme mucho más a menudo, y resolver las diferencias con más facilidad que nunca.

La educación de los propios hijos nunca fue concebida como una continua batalla; con las técnicas y consejos que este libro ofrece, nunca más ha de volver a serlo.

Parte I • REGLAS BÁSICAS PARA EDUCAR

1 • Se necesitan dos para que haya una pelea

Si nunca ha tenido que enfrentarse a un niño chillón, agresivo e incontrolable, cuya obstinada negativa a hacer las cosas como usted quiere le ha convertido a usted, en un adulto chillón, agresivo e incontrolable, dése una palmadita en la espalda y busque otra cosa en qué emplear su tiempo.

Pero si alguna de las situaciones siguientes le resulta familiar, únase a la multitud. Tiene en sus manos el libro que usted estaba necesitando.

De hecho podría tratarse del único libro sobre educación que tenga que leer en toda su vida.

Éste es un libro para padres exasperados. Padres amables, tiernos y cariñosos que, por algún extraño capricho del destino, se encuentran compartiendo el hogar con hijos que dudan entre ser muñecos adorables y solícitos o emular a Atila, el rey de los hunos.

Tomemos por ejemplo a Christopher. Es un inteligente, sensible y alegre muchachito de cuatro años, capaz de poner una casa «patas arriba» y llevar a sus padres de cabeza cuando se le mete algo entre ceja y ceja, es

3

decir, la mayor parte de las veces. Sabe con toda exactitud la forma de involucrar a sus padres en una pelea, la cual nada tiene que envidiar a la batalla de Waterloo en cuanto a intensidad explosiva se refiere. Las horas de las comidas son sus predilectas para ponerlo en práctica, ya que, en ese momento del día, cuenta con la atención de toda la familia, y sabe lo importante que es para sus padres que él reciba una alimentación equilibrada.

Un episodio reciente se inició de la forma más inocente, cuando el padre de Christopher pidió a éste que acabara de jugar con aquel trozo de carne y se lo comiera de una vez por todas.

«No me gusta», respondió él. «Tiene cebolla.»

«He quitado toda la cebolla a tu trozo de carne», dijo el padre, que se había pasado un rato en la cocina haciendo exactamente eso.

«No se la has quitado, aquí hay uno», terció Christopher, que le mostraba un microscópico pedazo de algo que en su momento pudo haber formado parte de una cebolla.

«Está bien, quizá me he dejado un trozo. Ponlo en el borde del plato y cómete el resto de la carne.»

«¡No!», chilló Christopher, mientras se bajaba de la silla.

«¡Sí!», cortó el padre, notando que su tono de voz subía, al tiempo que su ira iba en aumento. «¡Vuelve a tu sitio y cómete esa carne!»

«¡No!», gritó el niño sin pestañear. «¡SABE A CEBOLLA, Y YO LA ODIO!»

Entonces fue cuando el padre se levantó, cogió a Christopher, que chillaba y pataleaba, y le obligó a sentarse erguido; después vociferó en su rostro «¡TUVIMOS ESTA MISMA CLASE DE CARNE LA SEMANA PASADA, Y NO PROTESTASTE, ASÍ QUE AHORA TE LA COMES Y BASTA!»

«¡NO ME LA COMERÉ, Y TÚ NO PUEDES OBLIGARME!», aulló Christopher.

«¡SÍ PUEDO Y LO HARÉ!», gritó el padre, que ya tenía las venas de la frente ominosamente marcadas por la ira.

Llegados a este punto, ya no se trataba del temido pedazo de carne, ni de que Christopher se lo comiera o no, sino de ver si un mocoso de cuatro años era capaz de imponerse y derrotar a un hombre de treintaiséis que intentaba mantener el control de la situación. Padre e hijo acabaron enfadados y exhaustos, sintiéndose culpables. No hubo «vencedor».

Luego está el caso de Jennifer. Su técnica para hacer «picar» a sus padres era más sutil, pero resultaba igual de efectiva.

Al igual que muchas otras niñas de once años, Jennifer no es precisamente conocida por su amor al orden. Para ella, una cama hecha consiste en una manta echada sobre un montón de medio metro de altura compuesto de animales de peluche, ropa sucia, libros escolares y antiguos restos de comida.

«Comienza a arreglar esa habitación tuya, señorita», le ordenó un día su madre, después de que le resultara imposible abrir la puerta del cuarto de su hija al estar bloqueada por los «escombros».

«¿LIMPIAR MI HABITACIÓN?», chilló Jenny haciendo un gesto de auténtica sorpresa. «¡Ya me hiciste limpiarla la semana pasada! ¿Cómo es posible que sea la única niña del mundo que debe trabajar cuando llega a casa de la escuela? Todos los demás pueden salir a jugar. ¡Pero yo no! Yo tengo que trabajar, trabajar, trabajar. ¡Estoy segura de que tuviste hijos sólo para disponer de alguien que te hiciera el trabajo!»

«Escúchame bien, pequeña señorita impertinente, has de saber que cuando yo tenía tu edad me ocupaba de cuatro hermanos más pequeños, hacía TODO el trabajo de la casa, además de ordeñar las vacas, planchar y andar cada día kilómetros por la nieve para ir y volver del colegio...» Ya conocen el resto. Jennifer había colmado la paciencia de su madre y la pelea estaba en marcha.

De nuevo, la intención inicial se perdía en el caos y el conflicto. Este tipo de discusiones tiene lugar, en uno u otro momento, en casi todos los hogares donde padres e hijos conviven. Se trata de esas peleas que acaban por debilitarle a uno y atentan contra la autoestima y que, por otra parte, PUEDEN ser evitadas.

EL DESACUERDO ES NORMAL

Toda relación entre padres e hijos implica algún tipo de conflicto. Incluso se dice que «el amor alimenta el conflicto». Mientras haya individuos pensantes, habrá diferencia de opiniones, y eso es positivo. Sin diversidad de intereses, individualidades creativas y poder de convicción seríamos tan aburridos como las palomitas de maíz sin sal.

Es muy importante saber reconocer un problema y atajarlo en el momento en que surge. Hay dos formas de solucionar un conflicto: constructiva y destructiva.

Las discusiones destructivas hacen trizas la autoestima, inhiben la evolución personal y limitan el desarrollo de nuestro potencial. Además suelen ser discusiones ruidosas, exasperantes y violentas (sobre todo si se producen en un transporte público, cuando se tienen visitas o delante de alguna personalidad).

La solución de los conflictos por la vía positiva fomenta la evolución personal y permite que el niño y el padre lleguen a su máximo potencial. Lo bueno es que no sólo es posible conseguirlo, sino que, en realidad, resulta bastante sencillo lograrlo con la ayuda de las nuevas estrategias que usted aprenderá en este libro.

El desacuerdo es normal.

¿ES REALMENTE NECESARIO PELEARSE CON SUS HIJOS?

Las batallas en toda regla entre padres e hijos suelen ser destructivas, y, a menudo, innecesarias. Si hay que pelear, elija con inteligencia sus batallas. Concéntrese en lo que tiene verdadera importancia, es decir, en temas esenciales. Entre ellos podrían citarse la honestidad, la integridad y la comunicación. Estos temas variarán según su propia escala de valores. Deberá determinar cuál es la importancia real de una situación. En los casos anteriormente citados, Jennifer no va a sufrir perjuicio alguno, ni físico ni psicológico, por el hecho de vivir unos cuantos días más en medio de su desorden y suciedad de preadolescente. Christopher, por su parte, crecerá igual de saludable y fuerte, aunque una noche no se coma la carne. Entable batallas que usted se vea capaz de ganar. Está claro que no ganará la de la comida. A menos que se ponga en plan abusivo, no podrá forzar a su hijo a comer. Esos problemas deben resolverse de alguna manera; pero, desde luego, nunca mediante una declaración de guerra.

¿Es realmente necesario pelearse con sus hijos?

¿POR QUÉ NO SOPORTAN LOS PADRES QUE SUS HIJOS LOS DESAFÍEN?

Entonces, ¿por qué razón parecen tan importantes esos pequeños problemas cotidianos, que nos llevan al extremo de pelearnos por ellos?

Los enfados y las discusiones acaloradas tienen, en su origen, un sentimiento de impotencia. Muchos de nosotros nos criamos pensando que los padres buenos por definición controlan siempre los actos y la conducta de sus hijos. Así pues, cuando un niño se pasa de la raya, el padre, de alguna manera, puede sentirse incompetente y fuera de lugar. Para compensar ese sentimiento, puede recurrir al escándalo gigantesco. Intente recordar que el hecho de que su hijo le desafíe no significa, en ningún momento, que usted sea un fracasado como padre.

¿Por qué no soportan los padres que sus hijos los desafíen?

SE NECESITAN DOS PARA QUE HAYA UNA PELEA

Del mismo modo que para que haya una guerra se necesitan dos contendientes, también se precisa más de un participante para que pueda haber pelea. Si una de las personas decide quedarse al margen y deja de picar a la otra, ésta se encontrará sin oponente para pelear.

Este libro le propone vías para trabajar con su hijo, en lugar de ir contra él; se trata de hallar maneras de solucionar, de forma constructiva, los conflictos normales que surgen en todos los hogares.

Al principio, quizá le costará un poco no ser tan niño como su hijo de cuatro años, o tan adolescente como su muchacho. Pero con algo de consciencia y las técnicas que hallará en este libro, que se han revelado eficaces en cientos de familias, incluyendo la mía, las peleas y discusiones serán pronto un recuerdo del pasado.

Recuerde que se necesitan dos para que haya una pelea.

¡Recuerde! Se necesitan dos para que haya una pelea.

RECUERDE...

- El desacuerdo es normal
- Hay más alternativas que la pelea para solucionar los conflictos
- El conflicto constituye una oportunidad para un cambio positivo y para la comprensión
- Se necesitan dos para que haya una pelea

R̥ RECUERDE...

√ EL DESACUERDO ES NORMAL

√ HAY MÁS ALTERNATIVAS QUE LA PELEA PARA SOLUCIONAR LOS CONFLICTOS

√ EL CONFLICTO CONSTITUYE UNA OPORTUNIDAD PARA UN CAMBIO POSITIVO Y PARA LA COMPRENSIÓN

√ SE NECESITAN DOS PARA QUE HAYA UNA PELEA

 Recetado por _____ Carolyn Ann Meeks _____ D.M.

2 • Sorpréndalos siendo buenos

La mejor manera para terminar con la rutina de las peleas es la de evitarlas desde el primer momento, alentando conductas positivas y aceptables y disuadiendo a sus hijos de comportarse de una forma negativa e inadmisible.

Parece fácil, ¿verdad? Pues lo es.

Muchos de nosotros tendemos a hacer de la educación algo mucho más complicado de lo que es en realidad. A los principiantes, les recomiendo que:

Trate a sus hijos como a invitados.

Si quiere que sus hijos le traten a usted con respeto y consideración, trátelos con el mismo respeto y consideración que demostraría a un invitado. Solemos recoger lo que sembramos, de modo que puede estar seguro de que lo que usted dé a sus hijos es lo que desea recibir a cambio.

Trate a sus hijos como a invitados.

Por ejemplo, usted nunca gritaría o daría órdenes a sus invitados. Si necesitara ayuda o colaboración se la pediría con educación usando palabras como «por favor» y «gracias».

Busque lo mejor, y eso será, por lo general, lo que encontrará.

Un notable ejemplo de la puesta en práctica de esta regla tuvo lugar hace algunos años en un área de Seattle, especialmente conocida por su alto índice de criminalidad. Una mujer mayor iba andando por la calle cuando un joven le salió al paso desde detrás e intentó arrancarle el bolso.

La mujer estrechó el bolso con fuerza, se dio la vuelta y, mirando a su asaltante directamente a los ojos, le gritó: «Joven, ¡usted es *mejor* que esto que está haciendo!». El que se encontraba a un paso de convertirse en ladrón se quedó unos segundos contemplando a la mujer, luego dio media vuelta y se alejó. La buena señora había buscado lo mejor y lo encontró. Les recomiendo que no lo intenten con ladrones, pero sí con su hijo: «Sabes que puedes hacerlo mejor que eso».

Busque lo mejor, y eso será, por lo general,
lo que encontrará.

Contemple el mal comportamiento como la excepción, no como la regla.

CINCO MODOS DE FOMENTAR LA CONDUCTA DESEADA

1. Sorpréndalos siendo buenos.

Los niños suelen repetir las conductas que llaman la atención. Esta circunstancia puede parecer simple, aunque, de hecho, tendemos a pasar por alto las ocasiones en que nuestro hijo hace lo que le decimos: no destroza sus juguetes, recoge sus cosas de propia iniciativa, mastica y se traga los guisantes, hace sus deberes, juega sin armar ruido y se va a la cama sin montar un drama. En lugar de fijarnos en esas ocasiones, reservamos toda nuestra atención y energía para las ocasiones en que no hace las cosas como nosotros queremos.

Cuando su hijo haga algo que usted querría que llevara a cabo con mayor frecuencia, tome buena nota de ello. Agradézcale sus acciones de una forma directa. Si se trata de un niño pequeño, puede demostrar su agradecimiento por medio de abrazos, palmaditas en la espalda, sonrisas, varios «oooh» y «aaah». Comente su buen comportamiento con otras personas. Los niños parecen tener algo parecido a un radar para las ocasiones en que se habla de ellos; deje que oigan conversaciones en las que usted ensalza de forma entusiasta los méritos de la conducta del pequeño.

Sorpréndalos siendo buenos.

2. Reconozca cualquier mejora.

La próxima vez que su hijo mejore su conducta —por ejemplo, saque notas más altas en la escuela, se levante antes por la mañana o se limpie mejor los dientes—, háblele de ello. Tome buena nota de cualquier pequeño esfuerzo, aunque usted esté convencida de que su hijo puede hacerlo mejor. «Quiero que sepas que me *he dado cuenta* de que te estás esforzando.» Si la mejora resulta espectacular para él, puede decirle: «Así vas por buen camino, estás mejorando». El hecho de que usted perciba la mejora fortalece la voluntad de su hijo de intentarlo otra vez.

Reconozca cualquier mejora.

3. Ofrezca incentivos.

Entre las recompensas que citamos más abajo, elija las que más le gusten a su hijo, y utilícelas como incentivo para una buena conducta:

● Para un niño menor de diez años, considere la posibilidad de hacer una tabla, donde se relacionen las actividades caseras de su hijo y en la cual irá colocando estrellas aquellos días en que lo haga mejor y más rápido. Los profesores de primer grado de todo el mundo vienen usando este método desde hace muchos años, porque funciona. ¡Los niños adoran acumular estrellas! Una estrella dorada premiará una acción realmente espectacular. Azul, una excelente. Verde para las acciones ejecutadas aceptablemente. Rojo para expresar: «¡Caramba, has mejorado!». Procure mostrarse creativo y generoso.

● A un niño mayor de diez años ofrézcale privilegios. Esta técnica puede hacer milagros. Los niños están tan condicionados por nuestra costumbre de quitarles algo cuando se comportan mal, que nos dispensan de inmediato su atención cuando les concedemos pequeños privilegios para premiar un buen comportamiento; permiso para levantarse más tarde, una salida extra u organizarle una pequeña aventura en la que sus amigos puedan participar, un incentivo en permisividad. Aplíquelo a algo que sepa que su hijo aprecia de forma especial.

Ofrezca incentivos.

Repase esta lista y elija las recompensas más apropiadas para su hijo. O todavía mejor; léala con su hijo para seleccionar posibles recompensas para el perfeccionamiento de la conducta. A menudo, la mejor recompensa consiste en concederle más tiempo con usted, o con ustedes dos.

RECOMPENSAS E INCENTIVOS

TIEMPO EXTRA CON MAMÁ O PAPÁ

- ☐ Leerle en voz alta
- ☐ Jugar a cartas
- ☐ Jugar a un juego
- ☐ Mirar las fotografías familiares
- ☐ Jugar a pelota

ENTRETENIMIENTOS

- ☐ Televisión
- ☐ Películas
- ☐ Vídeos
- ☐ Videojuegos
- ☐ Música

TRABAJOS MANUALES

- ☐ Pintura
- ☐ Dibujo
- ☐ Interpretar aventuras

ACTIVIDADES SOCIALES

- ☐ Invitar a un amigo a pasar el día en casa
- ☐ Abrazos y besos
- ☐ Hacer galletas en casa
- ☐ Dejar que sus amigos se queden a dormir

LECCIONES

- [ ] Piano
- [ ] Danza
- [ ] Arte
- [ ] Guitarra

ROPA NUEVA

- [ ] Shorts
- [ ] Zapatos
- [ ] Traje de baño
- [ ] Gorra o sombrero

GOLOSINAS

- [ ] Chicle sin azúcar
- [ ] Fruta
- [ ] Galletas o chucherías extra

SALIDAS

- [ ] A la biblioteca
- [ ] Al campo de juego
- [ ] De camping
- [ ] Una excursión de pesca
- [ ] Al zoo
- [ ] A tomar un helado
- [ ] A visitar a los abuelos

4. Ofrezca alternativas a su hijo para que él pueda elegir.

Siempre que le sea posible, plantee una elección a su hijo en lugar de darle una orden. No le diga: «¡Cállate!», sino: «Puedes quedarte aquí y jugar sin hacer ruido o bien salir afuera y hacer todo el ruido que quieras». En lugar de «Ponte la chaqueta», pregúntele: «¿Qué chaqueta prefieres, la roja o la verde?»

Siempre que sea posible, ofrezca alternativas a su hijo para que él pueda elegir.

5. Use la distracción.

Si desea abrocharle el cinturón de seguridad en el coche a su hijo pequeño, aguce el ingenio, póngale la parte de arriba del pijama o realice cualquier otra maniobra que lo mantenga distraído. En lugar de decirle: «¿Quieres ponerte el cinturón de seguridad,», pregúntele: «¿Quieres que te cuente la historia del perro *Sesi* mientras te pongo el cinturón de seguridad?». (Fíjese en el detalle de que la pregunta es si quiere o no que le cuente la historia y no si quiere o no que le ponga el cinturón.)

Use la distracción.

Casi siempre podrá disuadir a su hijo de un mal comportamiento siendo bromista y juguetón con él o contándole una historia (sobre todo si en ésta aparece él mismo y algún peludo animal). En caso de que no se sienta especialmente inspirado, pruebe con la siguiente historia:

EL PERRO *SESI*

Nathan, ¿quieres que te cuente la historia del perro Sesi*? Bien, pues había una vez un perro llamado* Sesi *y un niño pequeño llamado Nathan. Un día, Nathan fue a visitar a su abuelita. El perro* Sesi *no paraba de saltar arriba y abajo y de ladrar. Así que la abuela dijo a* Sesi*: «¡Para,* Sesi*, para!» y Nathan, que apenas tenía edad para saber hablar, gritó: «¡ABAJO,* Sesi*, ABAJO!»*

CINCO MANERAS DE EVITAR UNA CONDUCTA INACEPTABLE

Con independencia de la habilidad que usted tenga para estimular y fomentar la buena conducta en su hijo, habrá veces —es probable que infinidad de veces— en que los comportamientos inadecuados e indeseables se convertirán en una preocupación para usted. Descubrir hasta qué punto son capaces de salirse con la suya es una tarea habitual para todos los niños. A usted le corresponde poner los límites.

A continuación le ofrecemos algunas ideas para disuadir de una conducta inaceptable si ésta se produjese:

1. Ignore la conducta inadecuada pero no destructiva, encaminada a atraer la atención de usted.

En los niños más pequeños, las costumbres de hacer pucheros, discutir en exceso y utilizar un lenguaje en cierto modo cuestionable constituyen ejemplos de comportamiento que usted puede llegar a ignorar. Si un niño dice la palabra «coño», y ve que recibe una enfadada respuesta de sus padres, hermanos y conocidos, es probable que la use a la menor oportunidad.

En cambio, si sus padres y conocidos lo ignoran (usted no puede contar con los hermanos para ello), lo más probable es que él la rechace por ineficaz. Los berrinches también pueden ser, en ocasiones, tácticas para atraer su atención. Cuando son empleados de ese modo, ignore el alboroto e impóngale un tiempo de reflexión (tiempo de silencio que durará hasta que el niño esté dispuesto a comportarse).

2. Exprese su enfado de forma breve. Deténgase. Espere que sus palabras surtan efecto.

Es muy normal que, en ocasiones, se sienta enfadado con su hijo. A veces, la forma más efectiva de manejar conductas inapropiadas se reduce a un afilado «¡NO!» o «¡BASTA!» o bien «¡Estoy enfadado contigo!». Explíquele en pocas palabras y con claridad el porqué de su enfado.

No recurra a insultos ni a tacos. Incluya siempre una pausa después de la «explosión», a fin de que las cosas queden en terreno neutral y usted recupere su compostura. Una pausa supone un mayor impacto que los discursos y la cólera, los cuales pueden disminuir su credibilidad frente al niño. Por último, la pausa sirve también para dar a su hijo el tiempo necesario para que sus palabras le hagan efecto. Continúe, tras la pausa, aplicando las consecuencias oportunas.

Nota: Si le resulta difícil controlar su enfado, no tiene más que dar un tiempo de reflexión a su hijo, y tomárselo también usted mismo.

Ignore la conducta inadecuada pero no destructiva, encaminada a atraer la atención de usted.

Exprese su enfado
de forma breve.
Deténgase.
Espere que sus palabras
surtan efecto.

3. Imponga un tiempo de reflexión.

Cuando observe que su hijo se muestra grosero, pisa las plantas y las flores del jardín, juega con el fuego de la chimenea, o tira las cosas por el suelo, impóngale un tiempo de reflexión. Asuma que su hijo desea comportarse. El tiempo de reflexión para un niño que se pasa de la raya es el período que necesita para recuperar el control. Como regla general imponga un minuto por año de edad. Pasado ese tiempo, el niño habrá olvidado de qué iba la cosa. (Un niño de dos años concede a las cosas un período de atención de dos minutos; uno de cuatro les otorga cuatro minutos y así sucesivamente.) Use un reloj con minutero. Si una vez agotado el tiempo, su hijo todavía no está dispuesto a cooperar, ponga de nuevo el reloj. Los más pequeños odian el aburrimiento. Por ello, el tiempo de reflexión debería de pasarlo en un lugar que se halle desprovisto de juegos y diversiones; sentado en el sofá, en la escalera, en una habitación donde no haya nada que llame al juego o donde no haya algo que él pueda hacer. (Vea capítulo 6, número 3.)

Importante: olvide la teoría de las tres amonestaciones o avisos*. A la tercera ya estará usted a punto de explotar. Si le ha explicado claramente una regla a su hijo, póngale un tiempo de reflexión al primer aviso. Si el niño no recuerda la regla, la aprenderá rápidamente.

---

*Algunos padres suelen repetir a sus hijos varias veces que no hagan una cosa. Por ejemplo, «No juegues por encima de las plantas»... y, más tarde, «Te había dicho que no jugaras por encima de las plantas».

Imponga un tiempo de reflexión por mala conducta.

4. Retire privilegios.

Cuando se trata de un niño mayor de diez años, faltas tales como no hacer los deberes o las tareas de la casa que tiene asignadas pueden sancionarse retirándole privilegios, en lugar de imponerle un tiempo de reflexión. Retirarle los privilegios que más valora —por ejemplo, la televisión, la permisividad, las excursiones, escuchar música, hablar por teléfono— suele ser la fórmula que produce un mayor efecto.

Retire privilegios.

5. Deje que las consecuencias naturales tengan lugar.

Permitir que su hijo afronte las consecuencias naturales que se desprendan de su comportamiento, y que no recaigan directamente sobre usted es, con frecuencia, la mejor manera de conseguir que comprenda. Así, por ejemplo, si su hijo no hace sus deberes, deberá afrontar las consecuencias al día siguiente, en clase. Si se le ocurre llevarse a escondidas una golosina del supermercado de la esquina, llévelo a él con el caramelo de

SI SU HIJO NO HA HECHO LOS DEBERES, DEJE QUE SE ENFRENTE A LA REPRIMENDA DE SU PROFESOR...

"JOEL, POR FAVOR, DINOS LO QUE HAS APRENDIDO DE LOS DEBERES QUE TENÍAS PARA HOY"

Deje que las consecuencias naturales tengan lugar.

vuelta a la tienda, y deje que se enfrente a la reprimenda de la persona responsable del establecimiento. (Vea capítulo 7, número 5.)

ACERCA DE LOS AZOTES

¿Es adecuado usar la bofetada para disuadirles de conductas inaceptables?

Habiendo aprendido todas las técnicas de este libro, y viendo lo eficaces que resultan, no recomiendo la bofetada como técnica disciplinaria. (Recuerde que disciplina significa enseñanza, nunca castigo.)

Como algo excepcional, se puede dar un cachete ocasional a fin de disuadir de conductas muy peligrosas, tales como bajar corriendo de la acera a la calzada, meter los dedos en los agujeros de los enchufes, intentar coger la plancha caliente o tirar piedras a otro niño.

De acuerdo con mi experiencia, hay diversas razones para evitar las bofetadas:

- Es muy fácil pasarse de la raya y golpear en exceso o demasiado fuerte.
- Hay otras técnicas más eficaces a largo plazo, y que tienen los mismos efectos a corto plazo.

Rara es la ocasión en que no hay algo que funcione. En esos casos, recuerde que a veces no importa perder algunos puntos, mientras se acabe ganando la partida.

- Los niños tozudos se vuelven más tercos aún después de la bofetada.
- Cuando un niño está realmente enfadado y fuera de control, el cachete, lejos de hacerlo callar, suele ponerle más nervioso.

Recuerde, yo no recomiendo las bofetadas. Sin embargo, si tiene que utilizarlas, es importante que se limite a lo siguiente:

- *No* golpee a su hijo con objetos como cucharas de madera, cuerdas o cinturones. Hágalo sólo con la palma de la mano.
- *No* le dé más de tres bofetadas. Si aún así el niño parece no responder, NO continúe, sólo conseguirá quebrantar su ánimo, y sentirse avergonzado de usted mismo al cabo de un rato.
- Péguele sólo en el muslo o en el trasero. La única excepción puede ser un ligero cachete en el dorso de las manos.
- *Nunca* zarandee a un niño. Podría provocarle daños en el cerebro, los ojos o en otros órganos.
- No olvide explicar a su hijo que lo que estaba haciendo era muy peligroso, y que usted tenía miedo de que se hiciera mucho daño o se lo causara a otros, si ése es el caso.

SI TIENE PROBLEMAS PARA CONTROLAR SUS ENFADOS, NO GOLPEE A UN NIÑO BAJO NINGUNA CIRCUNSTANCIA.

CINCO MANERAS DE FOMENTAR UNA CONDUCTA DESEABLE

- Sorpréndalos cuando son buenos
- Reconozca las mejoras
- Utilice incentivos
- Ofrezca alternativas a elegir
- Use la distracción

 CINCO MANERAS DE FOMENTAR UNA CONDUCTA DESEABLE

✓ SORPRÉNDALOS CUANDO SON BUENOS

✓ RECONOZCA LAS MEJORAS

✓ UTILICE INCENTIVOS

✓ OFREZCA ALTERNATIVAS A ELEGIR

✓ USE LA DISTRACCIÓN

 Recetado por _____ Carolyn Ann Meeks _____ D.M.

CINCO MANERAS DE EVITAR UNA CONDUCTA INACEPTABLE

● Ignore las conductas encaminadas a atraer la atención de usted

● Exprese su enfado de forma breve..., y espere que sus palabras surtan efecto

● Imponga un tiempo de reflexión

● Retire privilegios

● Deje que las consecuencias naturales tengan lugar

R

CINCO MANERAS DE EVITAR UNA CONDUCTA INACEPTABLE

√ IGNORE LAS CONDUCTAS ENCAMINADAS A ATRAER LA ATENCIÓN DE USTED

√ EXPRESE SU ENFADO DE FORMA BREVE..., Y ESPERE QUE SUS PALABRAS SURTAN EFECTO

√ IMPONGA UN TIEMPO DE REFLEXIÓN

√ RETIRE PRIVILEGIOS

√ DEJE QUE LAS CONSECUENCIAS NATURALES TENGAN LUGAR

 Recetado por _____ Carolyn Ann Meeks _____ D.M.

3 • Diez problemas comunes y la forma de resolverlos

Muchos de nosotros crecimos en hogares con padres bienintencionados que creían que su misión era hacer que sus hijos les obedecieran. Ese juego recibía el nombre de control autoritario. Ellos mismos habían sido educados de esa manera, así que no disponían de otro modelo. En ocasiones, ese sistema funcionaba, pero muchas otras veces acarreaba problemas que nosotros, niños ya creciditos, todavía arrastrábamos.

Mi sistema para criar a los niños, al igual que el de otros expertos en educación infantil contemporáneos, hace hincapié en la enseñanza y la orientación (guía), en lugar de poner el acento en el control y el castigo. Para padres que se sientan capaces de efectuar el cambio de una mentalidad tendente a controlar a los niños a otra que les haga asumir un papel de profesor y guía de sus hijos, los resultados pueden ser muy notables.

Pero como la mayoría de nosotros no dispone de modelos para poner en práctica este nuevo sistema, necesitaremos ayuda.

CINCO CLAVES PARA EL ÉXITO

Aquí tiene cinco maneras de éxito asegurado, para comunicarse con su hijo sin tener que recurrir a la frase «¡Lo haces porque yo lo digo!»

1. No responda a las protestas.

Con independencia del asunto de que se trate —usted quiere que su hijo haga una cosa y él prefiere dedicarse a otra distinta—, esté preparado para una resistencia inicial de su parte en forma de protesta. Muchos adultos llegan a ser padres sin saber lo que es una protesta porque no la han hecho en su vida. La protesta es una cortina de humo que los niños crean para distraerle de su tarea de poner límites. Puede presentarse de diversas maneras, por ejemplo, en forma de ruido: «¡Aaay, noooo!»; de reproche: «Eres mala»; de excusa: «Estoy cansado»; o de queja: «¿Por qué Juan no tiene que sacar nunca la basura?» Lo mejor que usted puede hacer es *ignorar las protestas, no importa del tipo que sean.*

No responda a las protestas.

2. Repita órdenes y expectativas.

Esté siempre dispuesto a repetir una orden. Por ejemplo: «Es el momento de que saques la basura». Protesta..., queja..., lamento. «Tienes que sacar la basura, ahora.» No debe importarle parecer un disco rayado. Con frecuencia, eso es lo que su hijo necesita de momento para comprender que usted espera de él que saque la basura en ese momento.

Repita órdenes y expectativas.

3. Ofrezca contrapartidas.

He aquí un concepto que hará que su función de padre le resulte más agradable. En lugar de amenazar a su hijo, ofrézcale incentivos positivos: «Cuando hayas sacado la basura, haremos palomitas de maíz», «Cuando hayas ordenado tu habitación, iremos de paseo», «Cuando tengas hechos los deberes, podrás salir a jugar».

Ofrezca contrapartidas.

4. Use las palabras mágicas «de todos modos».

Después de haber escuchado la respuesta de su hijo y considerado su punto de vista y demandas, determine qué es lo mejor para ambos y establezca el límite usando las palabras mágicas «de todos modos»: «Soy consciente de que fuera hace frío; de todos modos, quiero que saques la basura.» «Ya sé que te apetece ir en bicicleta; de todos modos, tendrás que arreglar primero tu habitación.» No sé con exactitud qué hace que esas palabras resulten tan poderosas y eficaces, pero muchísimos padres me han dado las gracias por la sugerencia.

Use las
palabras
mágicas
«de todos modos».

5. Piense anticipadamente: haga planes con su hijo para alcanzar una solución satisfactoria para ambos.

Éste es uno de los puntos más importantes de todo el libro. Si tiene un problema con su hijo, haga que participe también en su resolución. Asuma que su hijo desea comportarse de modo que pueda estar orgulloso.

Aproveche un rato en el que ambos estén calmados y siéntese a hablar con él. Pregúntele, por ejemplo: «Jeremías, ¿cómo conseguiríamos que la hora de las tareas caseras transcurriera felizmente para los dos?» Agradézcale las ideas que pueda aportar e intente ponerlas en práctica siempre que exista la más mínima posibilidad. Cuando un niño toma parte activa en la solución de un problema, la asume y la aplica con mayor facilidad. (Vea capítulo 7, número 4.)

Piense anticipadamente: haga planes con su hijo para alcanzar una solución satisfactoria para ambos.

LOS DIEZ PROBLEMAS Y CÓMO RESOLVERLOS

He aquí diez consejos para manejar aquellas situaciones en que sus maravillosos, deliciosos y alegres hijos han llevado la paciencia y el humor de usted hasta el límite con su conducta, decididamente indeseable.

Peleas

Quique y Javi eran los diminutivos que recibían los hijos de seis y ocho años de una de mis amigas. Los dos niños se pasaban el día de pelea por algo y su madre intentando aclarar la situación, evaluando daños y juzgando culpables. Eso le llevaba un montón de tiempo, además de que resultaba agotador y contraproducente para una convivencia pacífica.

Decididamente, aquello tenía que acabar.

«¡Quique me ha pegado!», lloriqueó Javi, mientras irrumpía en la cocina palpándose el costado, aparentemente preso de un gran dolor.

«¡QUIQUE, BAJA DE INMEDIATO!», rugió la madre al pie de la escalera.

«¿Qué pasa, mamá?», preguntó Quique desde arriba, con una expresión de completa inocencia.

«¿Qué le has hecho a tu hermano?»

«Nada.»

«Dice que le has pegado.»

«¡De verdad, mamá, no le he hecho nada!»

Peleas.

«Sí lo has hecho», gimió Javi. «¡Me has pegado en el costado (hip, hip, hip, hip)!»

«Sólo le he empujado para que no tocara mis coches.»

«No me deja jugar con los coches», lloriqueó Javi.

«Eres un llorón», saltó Quique. «¡Llorón, más que llorón!»

«¡Quique, no seas mezquino con tu hermano!», gritó la madre.

«Yo no soy un llorón (hip, hip).»

La madre se llevó las manos a la cabeza. «¡No aguanto más! ¡Vosotros dos vais a dejar de pelearos! ¡Quique, vete a tu habitación, de inmediato!»

A veces, cuando los niños se pelean, lo hacen para atraer la atención de usted. Si se involucra en la discusión, sólo consigue añadir leña al fuego.

SOLUCIÓN:

1. Ignore el alboroto y los grandes dramas.
2. Deje bien claro lo que espera de ellos: «Quiero que aprendáis a resolver vuestras diferencias sin pegaros».
3. Mándelos a enfriarse en habitaciones separadas.
4. Aplique contrapartidas: «Cuando estéis dispuestos a resolver el problema sin pegaros, podréis salir de vuestra habitación».
5. Permita que sus niños participen a la hora de establecer las reglas básicas en el tema de las peleas; por ejemplo: no pegar, no insultar. Haga que se atengan a las consecuencias si las contravienen. Mis propios hijos se inventaron un sistema que consistía en pagar 1 peseta al otro cada vez que uno decía un taco. Trate

siempre de aplicar primero las ideas de sus hijos para darles aliciente, prestando su asistencia si fuera necesario. (Vea capítulo 12, número 2.)

Nota: En este ejemplo, la madre siente que debe desempeñar el papel de juez, y que tiene que identificarse con el niño víctima. Ella debe tomar conciencia de que se necesitan dos niños como mínimo para que haya pelea. Los niños se entregan al juego de la víctima y el perseguidor, y la madre hace el papel del cuerpo de rescate. En el momento en que la madre se involucra en la pelea, asume que sus niños son incapaces de manejar la situación por sí mismos. Echándose atrás, o evitando entrar en la disputa, la madre consigue, en realidad, que ellos aprendan a resolver sus diferencias por sí mismos.

Contestar

«No me contestes o te vas directo a tu habitación.» Así reñía el padre a su hijo Jeremías de cuatro años, después de que éste contestara a su requerimiento diciendo que no le daba la gana ponerse a recoger todo lo que había tirado por el suelo.

«¡Si quiero, te contesto. Tú no puedes impedirlo!», responde el niño tan dignamente, con las piernas separadas y los brazos cruzados sobre el pecho.

«¡Y tanto que puedo!», tercia el padre, al tiempo que coge a su hijo y lo encierra en su habitación.

Jeremías empuja y tira de la puerta, tratando de salir, mientras que el padre la mantiene cerrada.

«¡Tonto, burro!», chilla Jeremías al otro lado de la puerta. «¡Eres un estúpido! ¡Un bobo acabado!» Y se pone a dar patadas a la puerta en plena rabieta.

«¡Cuidado con lo que dices, maleducado!», le grita el padre.

«¡Cuida tú lo que dices!», le contesta Jeremías, que se lanza contra la puerta.

El padre siente que está perdiendo el control sobre su enfado.

SOLUCIÓN:

1. Manténgase al margen, no se involucre en el alboroto. *No corresponda con enfado al enfado de su hijo.* Recuérdele que usted se preocupa por él, y que el comportamiento que él está observando es inapropiado. A menudo, cuando un niño le dice que le odia, o le insulta, lo hace porque él mismo se siente despreciable. Usted podría decirle: «Yo te quiero, pero no me gusta tu comportamiento». O bien: «¡Caramba, vaya palabrita te has pensado! ¿Quieres que probemos si una buena bofetada te ayuda a recoger todo eso del suelo?», usando un poco de humor para poner fin a la confrontación.

Contestar.

2. Si su hijo le insulta, trate de identificar los sentimientos que lo impulsan: «Estás enfadado».
3. Explíquele lo que espera de él: «Puedes decir que estás enfadado sin necesidad de insultar».
4. Impóngale un tiempo de reflexión. Dígale: «Reflexiona un rato hasta que te comportes de forma que puedas sentirte orgulloso». Si usted reacciona con demasiada severidad, concédase también un tiempo de reflexión hasta que se haya calmado. No se quede cerca del niño; aléjese de él hasta que haya recuperado el control. (Es mucho mejor para usted que deje correr el asunto, y no retomarlo nunca, antes que volver a la carga con los nervios fuera de control. La disciplina consiste en enseñar y guiar a los niños, no en imponerles todo a la fuerza. A mí me ha ayudado mucho a mantener la compostura —y creo que lo mismo les sucede a muchos otros padres—, el hecho de repetirme a mí misma: «Yo soy una persona adulta, y él es sólo un niño».)
5. Cuando ambos, padre e hijo, se hayan calmado del todo, el padre puede ir en busca del pequeño, sentarse con él y decirle: «Hablemos de lo que ha ocurrido hace un rato. ¿Por qué no establecemos unas normas básicas para solucionar el problema de las malas contestaciones?»

Lloriqueo

Sólo la persona que ha convivido con un niño que tiene la costumbre de lloriquear puede conocer el grado de irritación que provoca esa penetrante y lastimera voz en un padre, en otras circunstancias amable y solícito.

«Puuedo coger una galleta, por favoooor», lloriquea Tina, de siete años.

«Poor favoor, mamáaa. Sólo una máaas.»

«Por Dios, Tina, para ya de lloriquear», dice la madre.

«Síiii, pero daame una galleta, por favooor», sigue berreando la niña.

Lloriqueo.

«¿No me has oído? ¡Para ya de lloriquear!»

Tina se da cuenta, viendo la cara que pone su madre, de que ha llegado el momento de cambiar de estrategia. Se va al comedor y vuelve al cabo de treinta segundos acompañada de su muñeca Caty.

«Poor favooor, mamá. ¿Puedo darle una galleta a Caaatyyyy?», lloriquea de nuevo.

La madre no da ya crédito a sus ojos.

Los niños con tendencia al lloriqueo suelen ser el resultado de la actitud de los padres que sufren el «síndrome de la ternura». Son los hijos de padres que anteponen siempre las necesidades y deseos del niño a cualquier otra cosa y que, casi siempre, ceden ante sus lloriqueos. En consecuencia, el niño sabe que el lloriqueo es un método efectivo para conseguir lo que quiere.

SOLUCIÓN:

1. Ignore el lloriqueo. Los niños suelen hacer cosas que sacan de quicio a sus padres con el fin de atraer la atención de éstos. Si usted admite el lloriqueo, les refuerza en su actitud.
2. Nunca acceda a una petición que vaya acompañada de lloriqueos. Haga saber a su hijo que esa petición ni tan siquiera se discutirá mientras persista el lloriqueo.
3. Dígale a su hijo que vuelva a pedirlo más tarde, pero en un tono de voz normal.
4. Otorgue contrapartidas: «Cuando me hables en un tono normal, podemos ocuparnos de tu galleta».

Nota: Cuando más tarde el niño se dirija a usted en un tono de voz normal, asegúrese de agradecérselo y de recompensarle de alguna manera; por ejemplo, dándole un abrazo, una palmadita en la espalda o una galleta si conviene.

Interrumpir las conversaciones

Tengo una amiga, con la que no he podido mantener una sola conversación ininterrumpida desde que su hijo, Miguel, tenía dos años. Pronto cumplirá los nueve, y todavía espera que su madre esté hablando por teléfono o se halle enfrascada en la charla con alguna visita para pedir 500 pesetas para el cine, preguntar si puede quedarse a dormir en casa de Jason, incluso en días de colegio, implorar que le compren unas Adidas nuevas, o lo que sea.

Miguel sabe, después de años de experiencia, que su madre, una mujer de gran corazón y que lo adora, siempre se muestra más dispuesta a acceder a sus peticiones delante de sus amigas o mientras habla por teléfono con ellas.

Cuando era más pequeñito, Miguel recibió todas las atenciones y cuidados. Para él, si sus padres hablaban entre ellos o con otra persona, eso significaba que no le estaban prestando atención. Así pues, era necesario decir o hacer algo para cambiar el foco de atención. Como por ejemplo, palparse la entrepierna y decir «¡Pipí!», tanto si tenía ganas como si no. O tirar del brazo de su madre, y tirar, tirar, tirar. O también enrollar sus pequeños bracitos alrededor de la pierna de su padre y tirar, tirar, tirar.

A medida que fue aprendiendo a expresarse, se dio cuenta de que le bastaba con plantear la más irrelevante de las preguntas que se le ocurrían cuando sorprendía una conversación de la que él estaba excluido. Y dado que papá y mamá se detenían siempre a mitad de una frase para prestarle toda su atención, aunque sólo fuera para decirle que no interrumpiera, él continuaba aplicando su método.

Pero ya han pasado seis años y medio, y mamá y papá están hartos de tanta interrupción, e incluso sienten vergüenza cuando ocurre.

Interrumpir las conversaciones.

SOLUCIÓN:

Los padres deben aprender a tenerse respeto a sí mismos y a sus necesidades, lo cual incluye su derecho a mantener conversaciones ininterrumpidas con los amigos y la pareja. Por su parte, el niño debe aprender a tener respeto y consideración hacia los demás.

1. Siéntese con su hijo y explíquele que es importante para usted disponer de su tiempo como adulto, o de un tiempo especial que es, simplemente, para usted. Discuta los conceptos de respeto hacia uno mismo y mutuo. Aclárele muy bien lo que se espera de él. Pídale sugerencias sobre cómo establecer la recompensa que recibirá si mejora o las consecuencias que sufrirá si contraviene las normas básicas.
2. Nunca acceda a una petición formulada cuando usted está hablando por teléfono.
3. Si el problema se lo plantea un niño más pequeño, pare la conversación e impóngale un tiempo de reflexión inmediatamente.
4. Por otra parte, usted debe imponerse expectativas realistas en cuanto a las necesidades de su hijo, así como en lo referente a las suyas. Por ejemplo, si usted se ha pasado una hora hablando por teléfono, y su hijo necesita dinero para tomar el autobús de camino al gimnasio, no es realista esperar que él no le interrumpa en algún momento, ya que se le está haciendo tarde. Si usted tiene la necesidad de mantener una conversación larga, quizá pueda hacer una pequeña interrupción cada quince minutos a fin de vigilar el frente familiar.

VESTIMENTA POCO ADECUADA

«¡De ninguna manera voy a permitir que vayas al colegio con esa "pinta"!», le dice la madre a su hija María, de trece años, al verla pasar por la cocina como una exhalación, un lunes por la mañana.

«¿Qué "pinta" llevo?», pregunta María con incredulidad.

«Bien, para empezar, la laca de uñas de color negro; y la falda tan corta que se te ve hasta el ombligo. Y, por si fuera poco, la "cosa" que llevas en la parte de arriba parece una de esas "cosas" que se llevan DEBAJO de la ropa, no en su lugar.»

«¡Mamá! Todas las chicas se visten así. Ya no estamos en los viejos tiempos que tú conociste. No tenemos que vestirnos como en *La casa de la pradera*, como cuando tú ibas al colegio.»

«¡No me interesa lo que las demás chicas lleven, tú no vas al colegio vestida así! Y, de paso, lávate la cara y quítate todo ese maquillaje. Eres demasiado joven para ir así.»

«¡Quisiera morirme ahora mismo porque estás arruinando mi vida!», gritó María. «No me importaría hacerme monja o algo así; de todos modos no voy a tener amigos y la gente se reirá de mí. ¡Estás arruinando mi vida!»

Rompiendo en sollozos, la niña de trece años se precipita escaleras arriba y se encierra en su cuarto dando un portazo, dejando a la mamá perdida en sus pensamientos sobre las alegrías de la adolescencia en ciernes.

SOLUCIÓN:

Recuerde, usted está ahí para enseñar y guiar a su hijo. Muchas veces, la línea que separa el control del cariño es en extremo fina. Intente siempre tener muy claro lo que trata de expresar.

¡MAMÁ! ¡TODAS LAS CHICAS SE VISTEN ASÍ!

MARÍA, COMPRENDO QUE ESTÉS ENFADADA CONMIGO; DE TODOS MODOS, OPINO QUE ESE CONJUNTO TE ESTÁ MUY APRETADO Y DEMASIADO CORTO POR ESO NO DEBES PONÉRTELO PARA IR A LA ESCUELA

CONSEJOS:

- HÁGALE SABER LO QUE ESPERA DE ELLA
- IGNORE CUALQUIER "EXPLOSIÓN" Y REPITA SUS EXPECTATIVAS
- SI SE TRATA DE UNA NIÑA DE MÁS EDAD, EXPÓNGALE ABIERTAMENTE CUÁLES SON SUS VALORES
- CON NIÑOS MÁS PEQUEÑOS, INTERFIERA EN CUESTIONES DE VESTIMENTA SÓLO EN EL CASO DE QUE ÉSTA SEA INAPROPIADA EN EXCESO PARA LA OCASIÓN O PARA EL TIEMPO ATMOSFÉRICO

Vestimenta poco adecuada.

Ésta es mi recomendación sobre el tema:

1. Aclárele muy bien lo que espera de ella: «Me gustaría que te vistieras de una manera más apropiada, y quiero que te cambies de conjunto».
2. Ignore las discusiones que puedan originarse.
3. Repita sus expectativas: «Comprendo que estés enfadada conmigo; pero, de todos modos, vas a tener que cambiarte de ropa para ir a la escuela».
4. Con las más mayores, discuta con honesta sinceridad sus valores acerca de las vestimentas sexualmente provocativas. Ponga un tope a lo que es aceptable, y permítales que efectúen sus propias elecciones dentro de esos límites. Con las más pequeñas, trate de ser flexible, ya que están desarrollando sus gustos y estilo; intervenga sólo si la elección es muy inadecuada para la ocasión o para el clima.

No hacer los deberes

Martes por la tarde:
«No hay tele hasta que hayas terminado los deberes, Juan», dijo la madre.
«Hoy no tengo deberes», respondió el niño de once años.
«¿No tienes? Ya son dos días seguidos sin deberes. ¿Qué ocurre en esa escuela?
«Lo hacemos todo en clase.»
Miércoles por la tarde:
«No hay tele hasta que hayas terminado los deberes, Juan.»

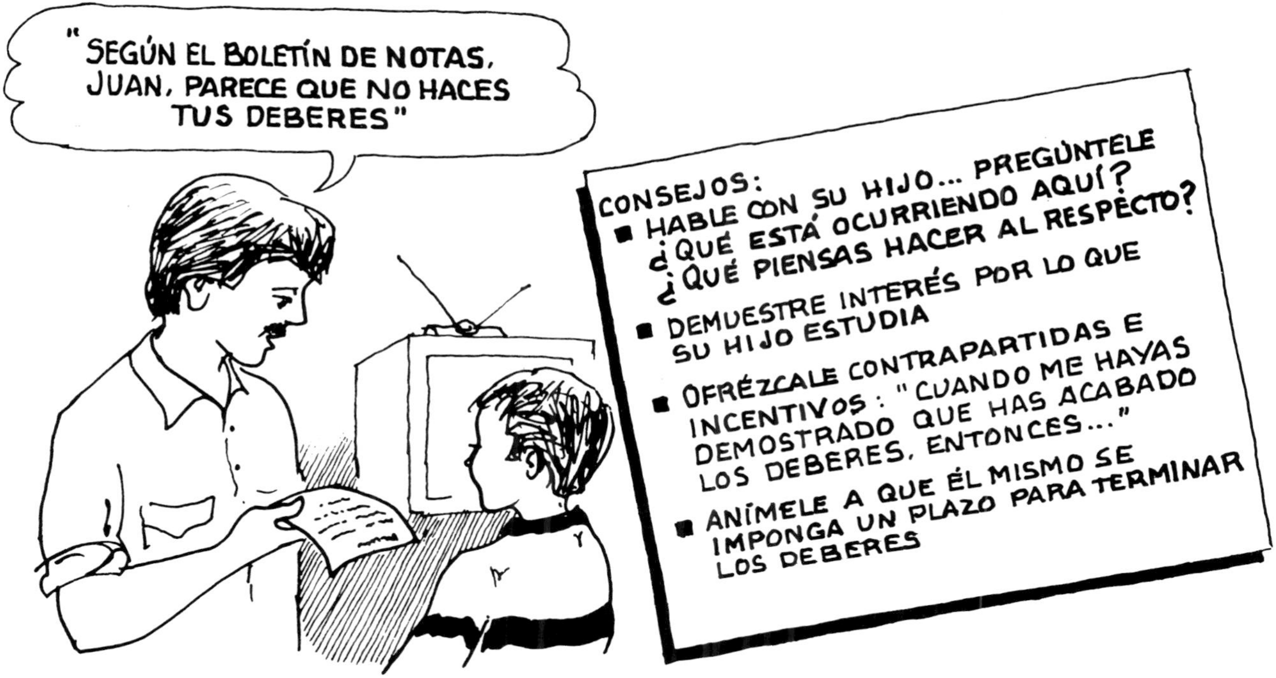

No hacer los deberes.

«Los he terminado antes de que llegaras.»

Jueves por la tarde:

«No hay tele hasta que hayas terminado los deberes, Juan.»

«Ya lo tengo todo hecho, mamá.»

Y así sucesivamente.

Al cabo de dos semanas, llegan las notas y la madre comprueba que han sufrido un espectacular bajón. «No hace sus deberes», le comunican en la escuela.

Aquí se plantean tres problemas: el niño miente, la madre no se entera de lo que ocurre, y por último, el niño no hace sus deberes.

SOLUCIONES:

1. En lo referente al niño que miente: no le someta a interrogatorio. A menudo, sólo se consigue provocar nuevas mentiras. Siéntese con él y pregúntele: «¿Qué te ocurre con los deberes?» «¿Qué piensas hacer para solucionarlo?» Deje bien claras sus expectativas: «Espero de ti que cuando me digas que ya has hecho los deberes, sea verdad. En este momento he perdido mi confianza en ti en lo que se refiere a los deberes, de manera que tendrás que recuperarla».

2. En cuanto al tema de la despreocupación de los padres, dedique tiempo a su hijo y tómese interés en lo que estudia en la escuela. Intente conseguir que la tarea de hacer los deberes le resulte más agradable.

3. Por lo que se refiere a no hacer los deberes, al principio, quítele privilegios. En cuanto detecte alguna mejora, ofrézcale contrapartidas: «Cuando me hayas enseñado tus deberes terminados, podrás ver televisión». «Cuando hayas terminado los deberes, puedes salir a jugar.»

4. Es importante que fomente la independencia de su hijo antes de que éste cumpla los diez años. Deje que participe en el momento de establecer un plan razonable para hacer sus deberes. Luego, a medida que se vaya acercando a los diez años, usted se irá retirando y dejándole la tarea de llevar por sí sólo las responsabilidades escolares. Si no presenta problemas, permítale que desarrolle su propia rutina. En realidad importa poco que se dedique a los deberes antes o después de jugar, mientras los haga.

El drama de irse a la cama

«Son las nueve, hijo, hora de irse a la cama», dice el padre a Marc.

«Por favor, papá, ¿puedo ver el principio de *Monstruos de otro* planeta?», implora el pequeño de ocho años.

«Marc, ¿te das cuenta de que cada noche tenemos la misma discusión?

Sabes muy bien que las nueve es tu hora de acostarte, de modo que vete a tu habitación ahora mismo. Yo iré dentro de un minuto a darte las buenas noches.»

«Bueno, ¿me dejas que recoja mis cosas?», pregunta Marc con la mirada puesta en el televisor.

«¡Recoge tus cosas, pero hazlo deprisa!», replica el padre, viendo que su hijo le está tomando el pelo.

Marc se mueve a la velocidad de una tortuga artrítica.

«Marc, no creas que no me doy cuenta de lo que pretendes. ¡Vete a la cama ahora mismo!», le ordena su padre subiendo el volumen de voz.

«Ya voy, ya voy», contesta Marc cuando, «accidentalmente», se le caen todos los trastos que acababa de recoger, lo que le retrasa aún más.

El drama de irse a la cama.

«¡MARC, VETE A TU HABITACIÓN DE INMEDIATO!», grita el padre.

«¡Siempre me estás diciendo que recoja mis cosas y cuando lo hago, me chillas!», responde Marc indignado, con los ojos todavía fijos en la «tele».

«¡MUÉVETE!», ruge su padre.

Con paso lento, Marc sale hacia su habitación.

SOLUCIONES:

1. Ignore las protestas; para poner un ejemplo, la pérdida de tiempo generalmente es una maniobra para atraer su atención.
2. Deje bien claras sus expectativas: «Deseo que te vayas a la cama a las nueve de la noche, sin usar tácticas de retraso».
3. Ofrezca contrapartidas: «Cuando estés preparado para irte a la cama, podrás ver la "tele" o jugar hasta las nueve». Si el niño pierde el tiempo, que sea del que dispone para jugar y no del tiempo de descanso que usted disfruta.
4. Intente crear a su hijo una rutina que incluya media hora de calma antes de acostarse, durante la cual puede contarle historias, mimarlo o dejarle disfrutar de un rato especial de descanso con los padres. Es un buen momento para preguntarle cómo le ha ido el día.
5. Piénselo por anticipado. Deje que su hijo participe a la hora de determinar las consecuencias que se le impondrán si transgrede las reglas. Por ejemplo, si el niño se ha retrasado 15 minutos en irse a la cama el martes, deberá acostarse 15 minutos antes el miércoles. Hasta que usted observe que se producen mejoras, quizá fuese positivo que le mandara ponerse el pijama justo después de la cena.
6. Si se le plantea el problema de que el niño se levanta continuamente de la cama una vez acostado, permítale una sola salida de la habitación después de apagar la luz.

Nota: Comprenda que los niños tienen necesidades variables en lo que se refiere a conciliar el sueño. En algunos niños, el hecho de que se mantengan largo rato despiertos en la cama puede significar que su ración diaria de sueño debería ser limitada (por ejemplo, duermen hasta demasiado tarde por las mañanas y/o hacen la siesta).

Malos hábitos alimenticios

Kevin tenía diez años y sólo consumía alimentos cuyos ingredientes principales eran el azúcar, las sustancias químicas y la grasa.

El problema no residía en que sus padres no lo hubieran intentado. Semana tras semana, le preparaban sabrosas y atractivas comidas y le dejaban a mano saludables bocaditos. Le hablaban continuamente de la importancia de una alimentación equilibrada. Pero no había manera.

Kevin rechazaba de pleno comer cualquier plato en el que hubiera descubierto el más insignificante pedazo de verdura, que no estuviera frito, que no se lo presentaran en un cucurucho de papel o que no tuviera pepinillo.

Abusaba de sus permisos para comprarse dulces y golosinas. Y, por si fuera poco, bebía Coca-Cola en lugar de leche.

Sus padres, tan concienciados en el tema de la salud, estaban desesperados.

"ESTOY PREOCUPADA POR TU SALUD, DE MODO QUE VOY A DEJAR DE COMPRAR TODAS ESAS PORQUERÍAS"

CONSEJOS:
- DESHÁGASE DE TODO TIPO DE CHUCHERÍAS, COMIDA RÁPIDA Y GOLOSINAS QUE HAYA EN LA CASA
- PLANTEE SUS PREOCUPACIONES
- NO LE DÉ DINERO A SU HIJO PARA COMPRARSE ESE TIPO DE COMIDA
- TRATE DE PLANEAR MENÚS DENTRO DE LOS GUSTOS Y PREFERENCIAS DE SU HIJO
- PÍDALE A SU PEDIATRA QUE TRATE DEL TEMA CON SU HIJO
- NO EMPLEE LOS TEMAS RELACIONADOS CON LA ALIMENTACIÓN COMO PRINCIPAL CABALLO DE BATALLA

Malos hábitos alimenticios.

SOLUCIONES:

1. Deshágase de toda la comida de ese tipo que pueda haber en su casa, incluso de la que ustedes mismos consumen. Si algún adulto de la casa insiste en consumir esos productos, pídale que los mantenga fuera del alcance del niño.
2. Plantee abiertamente sus preocupaciones. «Estoy preocupada por tu salud. Espero que te decidas a alimentarte de una forma más equilibrada, y dejes ese tipo de comida sólo para algunas ocasiones.»
3. No proporcione un presupuesto ilimitado a su hijo para gastarlo en chucherías y refrescos. Incluso puede optar por restringirle los permisos para comprarse esas cosas.
4. Siempre que le sea posible, planee menús que se hallen dentro de los gustos y preferencias de su hijo. No hay razón para esperar que le guste todo. Introduzca nuevos platos aprovechando las ocasiones en que el niño se muestre más hambriento.
5. Pídale a su pediatra o al médico de la familia que discuta el tema con su hijo. A veces, la opinión de un experto puede tener un impacto positivo sobre la perspectiva de su hijo.

Nota: Asegúrese de no presentar el tema de la alimentación como su principal caballo de batalla. Si bien se halla en su mano controlar la dieta que su hijo necesita, lo que no conseguirá es forzarle a comer.

Habitación desordenada

Mindi tiene los cajones, tanto los del armario como los de la cómoda, más limpios que cualquier niña de once años en todo el edificio. Pero eso se debe a que sus pertenencias se hallan esparcidas por el suelo, sobre las sillas, colgando de la lámpara de noche, apiladas sobre la cama o hechas una bola debajo de ella.

Habitación desordenada.

Escondidos entre la jungla de ropa hay también algún que otro plato o bandeja con desperdicios petrificados, latas de refrescos medio vacías, algún corazón de manzana, los restos de un hormiguero cuyos habitantes han desaparecido misteriosamente y una jaula con dos desesperados ratoncitos milagrosamente vivos.

A Mindi le gusta su habitación así. A sus amigos, también. A su madre, en cambio, le entran vahídos cada vez que la ve.

SOLUCIONES:

1. No se inmiscuya en el problema, en otras palabras, no regañe.
2. Deje claras sus expectativas: «Para el sábado por la mañana espero que lo tendrás todo en orden».
3. Dígale a su hijo que no podrá dedicarse a las actividades habituales de los sábados hasta que su habitación haya pasado una inspección.
4. Ofrezca incentivos y contrapartidas: «Si tienes la habitación ordenada, podrás invitar a algún amigo el fin de semana».
5. Siéntese con su hijo y haga planes por anticipado. Puede decirle: «Una de mis misiones como madre es ayudarte a desarrollar hábitos de orden y limpieza». Hágale participar a la hora de establecer la recompensa por tener la habitación limpia y ordenada, y también las consecuencias que le traerá el caso contrario. Puede que necesite ayudarle también a definir lo que es una habitación limpia.

Una «habitación limpia» tiene:

☑ La cama hecha
☑ El suelo libre de objetos o de ropa
☑ La ropa limpia guardada en su sitio
☑ Los cajones cerrados
☑ Nada de ropa sucia, se lleva al lavadero

Nota: Si la habitación se halla muy desordenada, como ocurre con la de Mindi, tal vez sea positivo que ayude a su hijo a organizar la suya. Eso le proporcionará una dosis extra de atención y permitirá que usted le enseñe cómo debe hacer las cosas.

Si el niño es mayor de diez años, y plantea otras preocupaciones más serias, como las relacionadas con drogas o con su iniciación sexual, puede que usted prefiera ahorrar su energía para eso y se limite a cerrar la puerta y realizar un control de higiene mensual para evitar que la situación llegue a extremos peligrosos.

Amigos indeseables

Andrea regresa a casa de su primer día de escuela acompañada de una amiga. El color del cabello de la amiga hace juego con el centro de flores que hay encima de la mesa del comedor. Y lleva tantos pendientes en la oreja izquierda que su peso hace que lleve la cabeza inclinada.

«Te presento a B.J.», le dice Andrea a su mamá.

«¿Cómo estás, B.J.?», pregunta la madre con calculada amabilidad en la voz. «¿Quieres que cuelgue tu chaqueta de cuero negro tachonada en el armario?»

«Que va, me la dejo puesta. Me tapa los moretones», contesta B.J.

«¿Moretones? ¿Y cómo te los has hecho?», inquiere la madre, temiendo de antemano la respuesta que va a recibir.

«Ha sido mi viejo», suelta B.J., tratando de pescar un cigarrillo en su bolsillo.

«¿Te pega tu padre?», pregunta la madre de Andrea, sintiendo un genuino horror.

Amigos indeseables.

«Que va, mi padre, no, mi novio. Pero sólo estábamos bromeando.»

«Su novio tiene una moto que es una virguería, mamá», interviene Andrea con muestras de excitación. «Me ha dicho que me llevará a dar una vuelta en la moto mañana, después del colegio. ¿No te parece estupendo?»

La madre ve pasar su propia adolescencia ante sus ojos.

Felicidades a esta mamá. A pesar de sus recelos, mantiene abierta la línea de comunicación con su hija y con la nueva amiga de ésta.

SOLUCIONES:

1. Exponga sus preocupaciones a su hijo: «Estoy preocupada por tu seguridad si vas en moto».
2. Ponga límites: por ejemplo, puede ver a su amiga pero sólo en casa. Muéstrese comprensiva con sus sentimientos, pero insista en el hecho de que no va a ir en moto. («Mi deber como madre es el de velar por tu seguridad y bienestar...»)
3. Dedique tiempo a los nuevos amigos de su hijo, de forma que usted pueda valorar posibles riesgos.
4. En casos extremos, no permita ningún tipo de contacto con amigos indeseables. Sea claro y directo, tanto con su hijo como con el amigo de éste. Explique claramente por qué desaprueba el comportamiento del amigo. Por dar un ejemplo, si la falta de honestidad del amigo es evidente, podría decir: «Mentir y robar no está permitido en esta casa. No eres bienvenido aquí porque no quiero malas influencias para mi hijo». Manténgase firme y en calma.

CÓMO RESOLVER DIEZ PROBLEMAS COMUNES

CINCO CLAVES PARA EL ÉXITO

- No responda a protestas ni a pataletas
- Repita sus expectativas o sus preocupaciones
- Ofrezca contrapartidas e incentivos
- Use las palabras mágicas... «de todos modos»
- Piense por anticipado: planes con su hijo la solución más adecuada para ambos

CÓMO RESOLVER DIEZ PROBLEMAS COMUNES

CINCO CLAVES PARA EL ÉXITO

✓ NO RESPONDA A PROTESTAS NI A PATALETAS

✓ REPITA SUS EXPECTATIVAS O SUS PREOCUPACIONES

✓ OFREZCA CONTRAPARTIDAS E INCENTIVOS

✓ USE LAS PALABRAS MÁGICAS....
"DE TODOS MODOS"

✓ PIENSE POR ANTICIPADO: PLANES CON SU HIJO LA SOLUCIÓN MÁS ADECUADA PARA AMBOS

Recetado por _Carolyn Ann Meeks_ D.M.

4 • Grandes esperanzas

Nunca intentes enseñar a un cerdo a cantar. Es una pérdida de tiempo para ti y resulta molesto para el cerdo.
—Almanaque del granjero

Hay una gran cantidad de padres frustrados que, a causa de sus expectativas poco realistas, han estado intentando enseñar a cantar al cerdo del proverbio. Padres que esperan que su bebé duerma pacíficamente durante toda la noche y que no llore cuando está despierto; padres que esperan que su niño de dos años no arme alboroto, ni se mueva de su sitio, ni se arrastre por debajo de la mesa en el restaurante; padres que esperan que su hijo adolescente no se rebele.

Algunas veces, lo único que hace falta para que estos padres bienintencionados puedan relajarse y disfrutar de sus hijos es que tomen conciencia de cuál es el comportamiento normal de un determinado grupo de edad.

LOS NIÑOS TERRIBLES DICEN «NO»

Dos meses antes del segundo cumpleaños de Micky, el siempre complaciente y delicioso muñequito empezó a desarrollar una terca y voluntariosa costumbre que tenía preocupados a sus padres. Cuando acudieron a mi consulta, algunos meses más tarde, se hallaban ya al borde de la desesperación.

«Dice a todo que no», me contó la mamá de Micky. «¡Incluso a cosas que le gustan y que él desea, dice que no!» «¡Se está convirtiendo en un auténtico monstruo!», intervino el padre.

Eché un vistazo hacia el otro extremo de la habitación, donde el pequeño jugaba plácidamente con bloques de colores y un cochecito de muñecas. Él captó de inmediato mi mirada y me respondió con una sonrisa, tras lo que volvió su atención al juego de construcción.

Pregunté a los padres si eran conscientes de lo normal que es el hecho de que un niño de dos años empiece a marcar su independencia diciendo que no. Aparte de resultar algo normal, constituye una faceta importante de su desarrollo. Les sugerí que quizás estuvieran preocupados porque se habían formado una idea poco realista acerca de cómo debe de ser un niño de dos años y que, en lugar de eso, podían sentirse complacidos de que Micky estuviera en el buen camino en lo referente a su comportamiento.

«Bien, puede que sea normal; pero, de todos modos, está volviéndonos locos», dijo el padre. «¿No hay nada que podamos hacer para pasar esta época con algo más de tranquilidad?» Sí, realmente se puede hacer algo.

1. Plantéele una elección.

Siempre que le sea posible, plantee alguna elección a su hijo de dos años. Si la hora de la siesta representa un problema para él, pregúntele si prefiere que le cuente un cuento antes de la siesta o cuando se despierte

En lugar de ordenarle que se lave las manos para cenar, pregúntele si quiere lavárselas solo o si prefiere que usted le ayude. (Si el niño no quiere lavárselas solo, hágale saber que usted tendrá que ayudarle.)

2. Induzca situaciones en las que el niño pueda decir «no» y felicítelo por su habilidad para pensar por sí mismo.

Recuerde que su misión es guiar a su hijo, no controlarlo. Así pues, permítale que, en ocasiones, exprese sus preferencias sin considerarlo una amenaza para su misión como padre. Por ejemplo, podría decirle: «¿Te gustaría llevar los tirantes azules con estos pantalones?» o bien: «¿Quieres venir conmigo a regar el césped?» Hágale saber que se ha dado cuenta de que él ha encontrado una nueva forma de hacer las cosas o de que tiene su propia opinión sobre algo. Eso le proporcionará una saludable conciencia de sí mismo y, de hecho, le ayudará a rechazar las presiones cuando sea un adolescente.

3. Póngase en su lugar.

Imagínese un mundo donde todos son tres veces más «grandes» que usted; un mundo repleto de objetos fascinantes para subirse sobre ellos y para meterse debajo, estupendos lugares por los que explorar y multitud de cosas para meterse en la boca. Los lugares públicos como restaurantes y supermercados son muy problemáticos porque no le permiten que despliegue su elevada energía; alguna distracción lo bastante atractiva puede ayudarle a pasar el tiempo en dichas situaciones (vea más adelante). Si aprende a contemplar las cosas desde una perspectiva así, puede resultar una experiencia altamente positiva para los dos.

4. Intente distraer a su hijo.

En su mano está evitar multitud de conflictos innecesarios con su hijo, alejando su atención de la situación en que probablemente le contestará que no. Por ejemplo, puede intentar lo siguiente:

- Propóngale contarle una historia (se la inventa) sobre un niño con el mismo nombre que él y un animal, Toby el gato, por ejemplo.
- Plantéele un juego consistente en encontrar lo que necesita en el supermercado.
- Hágale un juego con el mantel mientras espera en el restaurante. Tenga a mano pequeños objetos y juguetes para poder sacarlos en situaciones semejantes.
- Intente cantar el Frère Jacques con él (incluso aunque piense que no sabe cantar).

Usted es más creativo de lo que se piensa. Los niños pequeños notan que cuentan con su atención y tienden a distraerse con relativa facilidad, lo que les hace olvidar decir que «no» sin necesidad.

5. Ponga límites.

Los límites permiten que su hijo se sienta protegido. Todos los niños los necesitan y los desean. Sin límites, se vuelven ansiosos e inseguros. Poner límites le corresponde a usted, del mismo modo que usted es el que debe reforzarlos. Así pues, cuando se produzca un bajón en las relaciones entre usted y su hijo, impóngase y persevere, sin importarle que él comience a protestar.

PREESCOLARES: UN ALUVIÓN DE PREGUNTAS

Si alguna vez se ha dado un paseíto en coche con un niño de cuatro años, sabrá de qué va la cosa: «¿Estamos llegando? ¿Cuánto rato falta para llegar? ¿Qué quiere decir esa señal? ¿Por qué les cuelgan esas cosas a las vacas? ¿Falta mucho para llegar?»

Los niños de cuatro años tienen una habilidad especial para volver locos a los adultos con sus preguntas. Están empezando a explorar su mundo. Todo les resulta interesante, nuevo y excitante. Quieren que usted le dedique siempre todo su tiempo para explicárselo todo y disfrutarlo con ellos. En muchas partes del mundo, las grandes familias constituyen más la regla que la excepción, y eso es realmente lo que un niño de cuatro años necesita. Ningún adulto puede satisfacer todas las necesidades de este inquisitivo grupo de edad. Y no hay padre que tenga la suficiente paciencia para contestar a todas y cada una de sus preguntas.

Un niño de cuatro años necesita multitud de fuentes, y sus padres, a su vez, disponer de algún respiro para recuperarse de lo que puede llegar a ser un agotador torrente de preguntas y de demandas de atención.

He aquí algunos consejos que le ayudarán a manejar a los preguntones de ese grupo de edad:

1. Cree una gran familia.

Adopte una abuela si no tiene ninguna que viva cerca de su casa. Cuente con la ayuda de vecinos y amigos. Introduzca parientes. Hay mucha gente que estaría encantada de poder compartir la energía y entusiasmo de su hijo de cuatro años.

Preescolares:
un aluvión de preguntas.

2. Acepte sus limitaciones.

Sea consciente de que usted no es más que una persona, cuyo tiempo y energía se hallan limitados por multitud de demandas. También tiene un límite lo que puede hacer para satisfacer las insaciables necesidades de un mocosillo de cuatro años. Esté siempre dispuesto a ser felizmente imperfecto.

3. Búsquele compañeros de juego.

Si el niño va a la guardería o al parvulario, invite a alguno de sus compañeros de clase a acompañarles durante una o dos horas, o arréglelo para que su hijo pueda ir a jugar a casa de algún amigo un par de veces por semana.

4. Pida a un niño de ocho años que venga a casa a distraer a su hijo.

Un niño de ocho años constituye el compañero perfecto para su pequeño. Puede proponerle al hijo de algún vecino que vaya a casa a jugar con su hijo por cincuenta pesetas la hora, y verá cómo ambos estarán encantados. Por supuesto que usted tendrá que estar con ellos para supervisar, pero los dos hallarán gran cantidad de cosas que hacer, sin necesidad de que usted participe.

5. Planifique un tiempo especial para atender a las preguntas.

Es muy posible que usted no pueda dar a su hijo la cantidad de tiempo que él querría, pero sí asegurarse de que el tiempo que le dedica sea sólo para él. La próxima vez que le pregunte dónde van las estrellas durante el día, puede contestarle: «Esa es una pregunta importante. La apuntaremos para no olvidarla y hablaremos de ello cuando sea el momento de nuestro tiempo especial».

NIÑOS DE OCHO AÑOS: LA ETERNA DISCUSIÓN

«Ven a casa nada más salir de clase», dice la madre a Tina, su hija de ocho años, cuando ésta se dispone a recoger su bocadillo, el dinero para el autobús y el pote de los renacuajos para su trabajo de ciencias naturales.

«¿Por qué tengo que venir siempre directa a casa al terminar las clases?», pregunta Tina al tiempo que deja los renacuajos sobre el mármol de la cocina. «Todos se quedan un rato a jugar en el patio. ¿Qué diferencia hay entre jugar en el patio o en casa? ¿Por qué tienes que ser tú la que pone siempre las normas?»

La vida en común con un niño en tercero de Básica puede convertirse en un reto para los padres que no son conscientes de que es normal que un niño de ocho años lo discuta todo.

A esa edad, los niños están desarrollando en su intelecto la habilidad de razonar y utilizan a sus padres como pista de pruebas. Por ello es lógico esperar que no estén de acuerdo ni con los límites que usted ha impuesto ni con el hecho de que usted sea el que establece esos límites. Además, con mucha frecuencia, son extremadamente convincentes en sus argumentaciones. Cuando discuta con su hijo, es importante que recuerde que no ocurre nada si usted cede de vez en cuando. El hecho de que se doblegue ante los argumentos del niño no significa que usted haya perdido el control como padre.

Aquí tiene algunos métodos para manejar positivamente a su intrigado niño de ocho años:

1. Hágale saber que el desacuerdo es normal.

Es importante que su hijo se sienta cómodo cuando expresa sus opiniones y discute abiertamente sus sentimientos con usted. Sin embargo, también lo es el saber que una discusión no tiene por qué acabar en riña. Ayude a su hijo a discernir la diferencia. Si el niño no discute nunca ni se muestra en desacuerdo, es posible que necesite de su ayuda para que aprenda a desarrollar preferencias. Usted deseará que él sea capaz de saber lo que siente, de formular opiniones y de defenderse por sí mismo. El mejor sitio para practicar es la propia casa.

2. Escuche siempre lo que el niño tenga que decir.

Escuchar de forma activa es muy importante en todos los grupos de edad, pero tiene especial importancia que usted haga saber a su hijo de ocho años que ha oído lo que él le ha dicho. Repita sus comentarios: «¿Dices que te gustaría quedarte después de clase a jugar con tus amigos en el patio de la escuela?»

3. Busque la verdad en lo que él dice.

Trate de encontrar un granito de verdad, o algún punto de acuerdo, en lo que su hijo tiene que decirle y reconózcalo abiertamente, aunque eso represente sólo reconocer sus sentimientos: «Bueno, si yo fuera tú, creo que también me gustaría quedarme a jugar un rato después de clase».

4. Exponga su punto de vista.

Comente con su hijo dónde reside para usted el problema y cuáles son las opciones para solucionarlo: «Comprendo que quieras quedarte en el patio de la escuela a jugar un rato con tus amigos; pero, por lo que sé, ningún adulto se queda para supervisar. Ignoro por qué se lo permiten a tus amigos, pero sí sé que me preocupa tu seguridad».

Niños de ocho años: la eterna discusión.

5. ¡Alégrese!

El período de la enseñanza primaria es el más divertido y excitante de todos en la evolución de los niños. Disfrute de su hijo en esta época de su vida. Relájese. Insista sobre los temas que surjan, pero no pierda la perspectiva. Usted y su hijo están en el mismo equipo.

ADOLESCENTES TENACES

Cuando el padre de Jorge dio dinero a su hijo de quince años para ir a la peluquería y éste volvió a casa con la mitad izquierda de la cabeza rapada al cero, el padre se pegó un buen susto.

«¿Qué es lo que estás planeando, unirte al circo?», gritó.

Jorge se encogió de hombros. «A mí me gusta así. Es mi pelo; no veo por qué no puedo llevarlo como me dé la gana».

«No lo harás mientras vivas en ESTA casa», repuso el padre, dándose cuenta inmediatamente de que ya no podía hacer nada para borrar esas palabras.

Tanto si se trata de un corte de cabello raro, salir furtivamente de noche, no hacer los deberes, usar el coche de papá sin permiso o de cualquiera de las muchas cosas que un adolescente puede hacer para crear una crisis, es importante que usted sea consciente de que cada uno de esos actos no responde tanto a un ansia de rebelión, como a un intento de separarse de los padres.

No es extraño que un adolescente:

● Le diga que le odia

Adolescentes tenaces.

- Le eche en cara el ser injusto
- Le tache de mezquino
- Le acuse de no atender nunca sus razones
- Se avergüence de usted por no ser moderno
- Piense que no tiene los padres adecuados, por una razón u otra

La ironía de la situación reside en que, por lo general, cuanto más estrecha haya sido la relación entre usted y su hijo cuando era pequeño, más ultrajante suele resultar su comportamiento cuando llega el momento de la ruptura. A pesar de que sea angustiante, se trata de algo que entra dentro de lo previsible.

Piense en ello de esta manera: si su hijo adolescente no se volviera algo extraño, usted querría tenerlo siempre a su lado. Y si nunca hubiese conflictos entre ustedes dos, es probable que estuviera de acuerdo en quedarse. Así pues, tanto para uno como para otro, la separación debe producirse. Si ha mantenido una relación cálida y estrecha con él cuando era más pequeño, tiene muchas posibilidades de repetir.

Cuando llegan a los treinta, los hijos suelen volver a la escala de valores que les enseñaron de pequeños.

Sin embargo, antes de que usted se eche las manos a la cabeza, desesperado a causa del inevitable trauma de la separación, hay algunas cosas que usted puede hacer para acallar la necesidad que su chico tiene de provocar la crisis, o para minimizarla al menos.

1. No se tome la conducta de su hijo adolescente como algo personal.

Si su hijo le dice: «¡Te odio!», comprenda que eso es normal. Un padre muy sabio le dijo a su hija de catorce años: «Te he oído, pero no voy a darte más motivos para odiarme». Sepa reconocer cuál es la causa de la disputa. Por lo general, no hay que atribuirla a ninguno de los temas que tiene a mano, sino que se debe a la necesidad que su hijo tiene de encontrar algo que consiga enfurecerle a usted hasta el punto de que lo eche de

100

su presencia. Asegúrese de que el chico sepa que, aunque usted desaprueba su conducta, lo quiere. «Te quiero. Lo que ocurre es que no me gusta ese corte de pelo que te has hecho. Sin embargo, tendré que acostumbrarme a verte así.» Respete la necesidad de independencia de su hijo sin importarle cuál haya sido su modo de actuar en un momento determinado. Si actúa a gran distancia de usted, hágale saber que está de acuerdo y procure que sepa que puede volver siempre que lo desee.

2. Escuche de forma positiva.

Escuche las palabras que su hijo adolescente pronuncie, y también las que deje de pronunciar. Aprenda a identificar sus sentimientos y el contenido de los mismos, y hágale saber que lo entiende: «Estás enfadado.» «Comprendo lo que sientes; piensas que soy injusto.»

3. Hágale saber que usted tiene el deber de imponerle ciertos límites razonables.

«Mi deber como padre es enseñarte a ser responsable y crear las condiciones idóneas para que puedas aprenderlo bien. No sería un buen padre si no te dijera nada por haber cogido el coche sin mi permiso, por ello te voy a prohibir que uses el coche durante las próximas dos semanas.» Asegúrese de exponerle bien las razones que le impulsan a retirarle los privilegios. Dé por supuesto que es un buen chico y que comprenderá la lógica de sus argumentos.

4. Comparta con él sus vivencias pasadas.

El adolescente no quiere que usted le diga lo que debe hacer, pero sí está interesado en conocer sus experiencias y en saber cómo se las arreglaba usted cuando era un adolescente. Evite los sermones y trate de compartir su faceta humana con su hijo. Cuéntele cómo se sentía cuando tenía su edad, cómo afrontaba ese mar de dudas, propio de la adolescencia. Háblele de sus experiencias en cuestiones como las presiones externas, la pandilla de escuela, los deberes, las actitudes sociales y la sexualidad. Explíquele cuáles fueron las decisiones que tomó en aquella época, tanto las que resultaron acertadas como las equivocadas. Es muy probable que usted y su hijo se beneficien en gran medida de este tipo de intercambio.

5. Hágale saber que es bueno tener secretos.

Para los adolescentes, es normal y saludable que alberguen pensamientos privados que no desean compartir con sus padres. Eso forma parte del proceso de diferenciación que implica la transición de la adolescencia a la edad adulta. Durante este período de la vida, el tiempo que los adolescentes pasan con sus semejantes tiene extrema importancia. Puede que el chico entable gran amistad con otra persona adulta, ya sea un profesor, un tutor o un amigo de los padres. Es muy importante que usted sea consciente de que todo eso resulta de lo más normal, y que incluso es positivo fomentarlo.

6. Intente ser un buen modelo para su hijo.

Una de sus responsabilidades básicas hacia su hijo adolescente estriba en que sea un buen modelo para él con el fin de que sepa cómo tratar a los demás, cómo solucionar desacuerdos y cómo ser feliz en la vida.

**CONSEJOS PARA TRATAR
A LOS MÁS PEQUEÑOS**

**(ES PREVISIBLE QUE EL
NIÑO DIGA A TODO QUE
NO)**

- Ofrézcale alternativas
- Felicítelo por su
  habilidad para pensar
  por sí mismo
- Póngase en su lugar
- Trate de distraerle
- Impóngale límites

℞ **CONSEJOS PARA TRATAR A LOS MÁS PEQUEÑOS**
(ES PREVISIBLE QUE EL NIÑO DIGA A TODO QUE NO)

✓ OFRÉZCALE ALTERNATIVAS
✓ FELICÍTELO POR SU HABILIDAD PARA
  PENSAR POR SÍ MISMO
✓ PÓNGASE EN SU LUGAR
✓ TRATE DE DISTRAERLE
✓ IMPÓNGALE LÍMITES

 Recetado por _____ *Carolyn Ann Meeks* _____ D.M.

CONSEJOS PARA TRATAR A NIÑOS EN EDAD PREESCOLAR

(ES FÁCIL QUE A ESA EDAD LA VUELVAN LOCA CON SUS PREGUNTAS)

- Cree una gran familia
- Acepte sus limitaciones
- Búsquele compañeros de juego
- Busque la ayuda de un niño de ocho años
- Establezca un tiempo especial para atender a sus preguntas

℞ CONSEJOS PARA TRATAR A NIÑOS EN EDAD PREESCOLAR

(ES FÁCIL QUE A ESA EDAD LA VUELVAN LOCA CON SUS PREGUNTAS)

✓ CREE UNA GRAN FAMILIA
✓ ACEPTE SUS LIMITACIONES
✓ BÚSQUELE COMPAÑEROS DE JUEGO
✓ BUSQUE LA AYUDA DE UN NIÑO DE OCHO AÑOS
✓ ESTABLEZCA UN TIEMPO ESPECIAL PARA ATENDER A SUS PREGUNTAS

Recetado por _____ _Carolyn Ann Meeks_ _____ D.M.

CONSEJOS PARA TRATAR A NIÑOS DE PRIMER CICLO DE BÁSICA

(ES PREVISIBLE QUE A ESA EDAD SE LO DISCUTAN TODO)

- Hágale saber que el desacuerdo es normal

- Escuche siempre lo que el niño tenga que decirle

- Busque la verdad en lo que él dice

- Expóngale su punto de vista

- ¡Alégrese!

 CONSEJOS PARA TRATAR A NIÑOS DE PRIMER CICLO DE BÁSICA

(ES PREVISIBLE QUE A ESA EDAD SE LO DISCUTAN TODO)

✓ HÁGALE SABER QUE EL DESACUERDO ES NORMAL

✓ ESCUCHE SIEMPRE LO QUE EL NIÑO TENGA QUE DECIRLE

✓ BUSQUE LA VERDAD EN LO QUE ÉL DICE

✓ EXPÓNGALE SU PUNTO DE VISTA

✓ ¡ALÉGRESE!

 Recetado por _____ Carolyn Ann Meeks _____ D.M.

CONSEJOS PARA TRATAR A LOS ADOLESCENTES

(SU COMPORTAMIENTO PUEDE SER HIRIENTE)

- No tome la forma de ser de un adolescente como algo personal
- Escuche positivamente
- Dígale que usted tiene el deber de establecer límites razonables
- Comparta con él sus vivencias pasadas
- Explíquele que es bueno tener secretos
- Intente ser un buen modelo para su hijo

R CONSEJOS PARA TRATAR A LOS ADOLESCENTES
(SU COMPORTAMIENTO PUEDE SER HIRIENTE

- ✓ NO TOME LA FORMA DE SER DE UN ADOLESCENTE COMO ALGO PERSONAL
- ✓ ESCUCHE POSITIVAMENTE
- ✓ DÍGALE QUE UD. TIENE EL DEBER DE ESTABLECER LÍMITES RAZONABLES
- ✓ COMPARTA CON ÉL SUS VIVENCIAS PASADAS
- ✓ EXPLÍQUELE QUE ES BUENO TENER SECRETOS
- ✓ INTENTE SER UN BUEN MODELO PARA SU HIJO

 Recetado por _____ Carolyn Ann Meeks _____ D.M.

Parte II • EDUCACIÓN ENRIQUECIDA

5 • Cinco maneras de evitar las peleas familiares

1. Recuerde: en muchas ocasiones, la mala conducta es una llamada al amor. (No se lo tome como algo personal.)

«¡TE ODIO! ¡No te preocupas por mí!», lloraba Lisa, de ocho años de edad.

«Si me quisieras de verdad, me dejarías ir a dormir a casa de Becky. Seguro que me trajiste al mundo sólo para tener alguien a quien "chinchar". Es probable que ni siquiera te importaría que me escapara de casa.»

Tal vez le parezca difícil identificar el arranque de pataleo y portazos que Lisa ha puesto en escena con una llamada al amor, pero eso es exactamente. Un niño malhumorado, que forma un berrinche o le dice que le odia, refleja, mediante ese tipo de comportamientos, que no se siente muy bien consigo mismo. En lugar de pensar que su hijo le está atacando a usted personalmente, recuérdese que su hijo está necesitando cariño y amor en ese momento. Puede que su hijo necesite ese amor en forma de unos límites que usted debe imponerle o de animarle a que colabore en la búsqueda de una solución al problema. De esa manera logrará convencerle de que usted le quiere, pero que no aprueba su comportamiento. La madre podría decir: «Lisa, no me gusta tu comportamiento de hace un momento. Sabes que te quiero. Tómate un tiempo de reflexión para pensar en lo que te he dicho. Cuando estés dispuesta a comportarte de forma que puedas estar orgullosa de tu conducta, hablaremos de ello».

Así pues, la próxima vez que la niña se pase de la raya, si usted recuerda que su comportamiento puede responder a una inmediata necesidad de cariño, le resultará más fácil darle lo que necesita sin dejarse involucrar en el drama que ella está escenificando.

2. Recuérdele a su hijo que ambos se hallan en el mismo equipo.

La próxima vez que su hijo organice una pataleta a causa de cualquier injusticia que haya percibido de usted, en lugar de enfrentarse con él, ponerse a la defensiva o enfadarse sin más, limítese a rodearle el hombro con el brazo y dígale: «Ya sé que no estarás de acuerdo conmigo en este preciso momento; pero, créeme, tú y yo estamos en el mismo equipo». Agáchese, para ponerse a su altura, y asegúrese de establecer contacto visual con él. Una amiga mía puso en práctica este método con su hijo Jorge de ocho años, que se había empecinado en jugar con la pelota en la transitada calle delante de su casa. El pequeño se enfadó mucho, y se quedó la mar de frustrado cuando su madre le dijo que no se lo permitía. Después de dejarle unos minutos para que le bajaran los humos, la madre fue a verle de nuevo y le pasó el brazo alrededor del cuello. Le explicó cuánto le quería, y le recordó que ambos estaban en el mismo equipo. Según ella, casi pudo sentir cómo se desvanecía la resistencia (oposición) del pequeño.

Idéntico resultado obtuvo la madre de una adolescente, la cual tuvo que enfrentarse a la ira de su hija cuando le prohibió ir a patinar sobre hielo a causa de un problema de drogas en el local.

Recuerde: en muchas ocasiones, la mala conducta es una llamada al amor. (No se lo tome como algo personal.)

«A todos mis amigos les dejan ir», se quejaba Tina, de catorce años.

«¡La madre de Juana la deja ir cada semana!»

La madre la rodeó con el brazo y le dijo: «No sé cuál es la situación de Juana, pero sí sé que tú me preocupas. Comprendo que estés muy enfadada por esto; pero, créeme, tú y yo estamos del mismo lado».

3. Asuma que ni usted ni su hijo son seres perfectos.

¿Cuántas veces ha escuchado usted un comentario de este tipo: «¡Este niño sabe perfectamente cómo hacerme estallar!»?

A menudo parece que los niños hayan dejado la cuna sabiendo exactamente cómo causar el máximo revuelo y cuál es el momento más adecuado para conseguirlo.

Es miércoles por la tarde. Usted ha tenido un día de perros. Su jefe le ha gritado. Sus clientes también le han echado bronca. Su canguro ha telefoneado para avisarle que no podrá ir a su casa porque está en cama con varicela. Acaba de enterarse de que la reparación del coche, que debía estar terminada desde la semana pasada, va a costarle una pequeña fortuna. Se encuentra exhausta, siente compasión de sí misma y está al borde de las lágrimas.

Incluso antes de haber metido el coche en el garaje, una idea toma cuerpo en la mente de su hija:

«¡EL BOTÓN, EL BOTÓN, VOY A PULSAR EL BOTÓN!»

Y, nada más abrir la puerta, ¡BOOM!

Susi, su hija de nueve años, le dice que no va a volver a la escuela NUNCA MÁS. Que su profesor la trata mal y que todos los demás niños la odian y se ríen de ella. Que ha tenido once faltas en la prueba de ortografía porque usted no la ayudó a prepararla la noche anterior. Y que el médico de la escuela le ha hecho una revisión de la vista y le ha dicho que no ve ABSOLUTAMENTE NADA...

Recuérdele a su hijo que ambos se hallan en el mismo equipo.

Asuma que ni usted ni su hijo son seres perfectos.

Usted, que llegaba a casa con la sensación de haberse dejado engañar, de haber sido tratada injustamente y muerta de cansancio, se siente de pronto saturada, y con la impresión de haber fracasado como madre. Su hija ha suspendido el examen de ortografía, está mal de la vista, no cae bien a nadie... y todo eso es culpa de usted.

Su reacción es la misma que muchas otras madres normales tendrían bajo esas mismas circunstancias: riñe a Susi por no dar golpe en los estudios, le dice que si está mal de la vista es debido a que se pasa el día delante del televisor, después, usted se mete en su habitación, cierra la puerta y se echa a llorar. La operación de pulsar el botón ha sido un éxito. Si, por otra parte, usted hubiese tomado conciencia de su extrema vulnerabilidad, de camino hacia su casa, y hubiese comprendido que iba a estar mucho más sensible ante cualquier problema que sus hijos pudieran plantearle, le hubiera dicho a Susi: «Cariño, ambas hemos tenido un mal día, ¿no es cierto? Ven aquí y dame un beso; estoy segura de que eso nos ayudará a las dos».

Tomar conciencia de sus propias debilidades y desarrollar unas expectativas realistas para usted misma y para sus hijos pueden ayudarle a evitar peleas y discusiones familiares, así como a controlar sus explosiones de ira.

4. Afronte los conflictos, no los evite.

A menos que usted viva en la cima de una montaña (en cuyo caso, es probable que no estuviera leyendo este libro), o que de alguna manera, haya dado a luz a una familia de robots, hay muchas posibilidades de que, a lo largo de su vida, deba afrontar el tema de los conflictos. Un conflicto implica un desacuerdo, y eso es normal, saludable e inevitable, pero no tiene por qué incluir una pelea.

Cada persona tiene ideas, opiniones y preferencias distintas. No hay nada malo en ello. A mamá le gusta el rojo, Jessica prefiere el azul. Iván adora la comida mejicana; María, la china. Sin embargo, sólo cuando creemos que nuestras ideas, opiniones y preferencias son las «correctas» y las de los demás están «equivocadas» —o también cuando nos da miedo expresar una opinión discordante—, surge el problema. La primera postura

Afronte los conflictos, no los evite.

conduce a un «gobierno» autoritario que, con toda seguridad, será desafiado. La segunda puede provocar irritación contenida, depresión e incluso enfermedad.

Si Iván se propusiese convencer a su familia para ir a un restaurante mejicano porque a él le gusta, aun a sabiendas de que esa comida le sienta mal a su hermana y que a su hermano le irrita la boca de tal manera que no puede lavarse los dientes durante dos días, eso supondría un reto muy saludable para él. Pero si María y Roger, en un intento de ser niños complacientes y «buenos», acabaran en la «Cantina de Rosa» sin haber vociferado su opinión y sus necesidades, probablemente se pasarían la cena refunfuñando, discutiendo, siendo desagradables y sin poder estarse quietos ni un momento, añadiendo así otro motivo de queja inexpresado a una lista cada vez más larga.

Los niños deben saber que el desacuerdo es un hecho positivo. El que vayan aprendiendo a expresar sus opiniones y sentimientos es un síntoma del desarrollo saludable en los niños, y debería fomentarse.

Los padres que esconden sus sentimientos y no resuelven los problemas en cuanto éstos aparecen, descubrirán que esos problemas sin solucionar se van acumulando y, a la larga, pueden acabar por debilitar una relación, o la salud de los implicados. Además, los niños aprenden del ejemplo de sus padres y acaban cometiendo el mismo error.

Es muy importante que los niños aprendan a enfrentarse a los problemas y a resolverlos, en lugar de evitarlos con la pretensión de ser «niños buenos».

5. Preocúpese de su persona.

Una de las mejores maneras de evitar peleas familiares estriba en que los padres se cuiden a sí mismos al máximo. Si usted se siente relajado, feliz y rebosante de energía, le resultará mucho más sencillo escapar al síndrome del «sí-lo-harás/no-lo-haré» cuando la pequeña Estefanía se emberrinche por algo que usted le ha pedido que haga.

Si, por el contrario, usted está cansado, de mal humor y con los nervios a flor de piel, el más leve incidente puede convertirse de inmediato en el estallido de la Tercera Guerra Mundial.

CÓMO PREVENIR UNA CRISIS

- *Ejercicio.* Una hora, tres veces por semana (o media hora, cinco veces) de footing, natación, bicicleta o un paseíto enérgico le ayudarán en gran medida a sentirse fuerte, tanto física como emocionalmente.

- *Meditar, relajarse o soñar.* Dedique cada día un poquito de su tiempo simplemente a *ser*; a relajar y renovar su mente y su cuerpo en busca de ese espacio de paz interior que está ahí, esperándole.

- *Contacto.* El contacto es terapia. Incluso algo tan simple como dar la mano, coger a su hijo en brazos, dar (y recibir) un abrazo. Las caricias en la espalda, en el cuello o un masaje pueden acabar rápidamente con el mal humor.

- *Minivacaciones.* ¿Le es imposible salir este fin de semana? ¿Qué tal si se desconecta durante una hora? Ni siquiera es necesario que salga de casa. Tómese un baño caliente con espuma, encienda un par de velas aromáticas, ponga su música preferida y... déjese ir. Otra opción sería que alquilara un «canguro» o llamara a un amigo o a un pariente para que cuidara de los niños mientras usted se va al cine o a cenar tranquilamente en un restaurante.

Las salidas cortas frecuentes resultan más beneficiosas que las largas, mucho más espaciadas entre sí.

- *Aceptar ayuda.* ¿Se ha fijado alguna vez en el hecho de que no existe galardón alguno que premie a la madre más mártir del año? Es probable que eso se deba a que los mártires crean más problemas para sí y para sus hijos de los que consiguen resolver. De modo que es mejor resistirse a la necesidad de replicar: «No, gracias, todo va bien», cuando un amigo, pariente o la propia pareja le ofrezca su ayuda. Trate de conseguir el consejo de alguien (o apúntese a un grupo de apoyo) si tiene problemas. De hecho, si desea ayuda y no se la ofrecen, pídala. No hay norma alguna que diga que usted tiene que serlo para todos aquellos que le rodean. Es más, no podría por mucho que lo intentara.

- *Tome partido.* Una persona interesante es una persona interesada. Piense en algo que le guste, algo en lo que crea, algo que le importe de verdad y tome partido por ello, implíquese. Eso le hará mantenerse joven de espíritu, ser interesante y sentirse vivo. También incidirá positivamente en sus hijos, que tendrán más ganas de estar en casa y con usted.

- *Cuide de su salud física.* Desprecie la comida rápida, aunque le resulte la vía más sencilla. Tómese el tiempo necesario para preparar comidas equilibradas, no sólo para sus hijos sino también para usted. Se sorprenderá del cambio que eso puede operar en su humor. Procurarse el descanso necesario es tan importante como alimentarse bien. Si le parece que el día no tiene suficientes horas para que usted pueda tomarse un respiro, sea creativo con su tiempo de descanso. Échese sobre la alfombra cuando sus hijos estén jugando o acomódese en el sofá y pida a su hijo que le cuente una historia.

- *Juego.* Todos necesitamos que haya juego en nuestra vida. No deben ser juegos para los niños de dos años, ni tampoco para los de diez, sino juegos para adultos. Cualquier cosa que nos divierta. Piense en algo que le haga feliz —que infunda alegría a su corazón—, y procure hacerlo cada día durante unos minutos.

La vida puede ser una experiencia maravillosa si usted se concede permiso para preocuparse de su persona. Al mismo tiempo estará haciendo a sus hijos el mejor de los regalos: ofrecerles un modelo de cómo ser responsable del bienestar y de la felicidad de uno mismo.

CINCO MANERAS DE EVITAR LAS PELEAS FAMILIARES

- Recuerde: en muchas ocasiones, la mala conducta es una llamada al amor. No se lo tome como algo personal

- Recuérdele a su hijo que ambos se hallan en el mismo equipo

- Asuma que ni usted ni su hijo son seres perfectos

- Afronte los conflictos: no los evite

- Preocúpese de su persona

R CINCO MANERAS DE EVITAR LAS PELEAS FAMILIARES

✓ RECUERDE: EN MUCHAS OCASIONES, LA MALA CONDUCTA ES UNA LLAMADA AL AMOR. NO SE LO TOME COMO ALGO PERSONAL.

✓ RECUÉRDELE A SU HIJO QUE AMBOS SE HALLAN EN EL MISMO EQUIPO

✓ ASUMA QUE NI USTED NI SU HIJO SON SERES PERFECTOS

✓ AFRONTE LOS CONFLICTOS: NO LOS EVITE

✓ PREOCÚPESE DE SU PERSONA

 Recetado por _____ Carolyn Ann Meeks _____ D.M.

6 • Cinco maneras de salir airoso de una pelea familiar

Por fin ha ocurrido. A pesar de todas sus buenas intenciones, usted e Iván «el Terrible» se están empleando a fondo, enfrascados en una pelea familiar. Ya no hay tiempo para aplicar técnicas preventivas, usted necesita ayuda, *ahora*.

Lo primero que tiene que hacer es intentar formarse una idea de por qué Iván ha cogido ese berrinche. Todo lo que usted le dijo fue: «No, no vas a tener eso que pides ahora».

1. Trate de contemplar la situación desde la perspectiva de su hijo.

Imagínese durante un instante cómo se sentiría usted si un día dos gigantes se metieran en su casa a vivir y le dijeran qué ropa debe ponerse, lo qué ha de comer, cuándo se irá a la cama, a qué hora deberá levantarse, lo qué puede (y no puede) ver de la programación televisiva y en qué momento podrá bañarse.

Trate de contemplar la situación desde la perspectiva de su hijo.

Con independencia de lo comprensivos y benévolos que puedan ser los gigantes, lo más probable es que el ambiente se deteriore rápidamente y acabe por resultar fastidioso. Ante cualquier conflicto, trate de ponerse en la piel de su hijo. Identificarse con él en esos momentos suele resultar muy positivo, ya que le permite quedarse al margen, poniendo fin a la discusión de una manera eficaz antes de que ésta llegue demasiado lejos. «Sé que debe ser frustrante para ti el que yo te prohíba ver ahora la televisión, pero ya buscaremos más tiempo el fin de semana para que puedas hacerlo».

2. Utilice la técnica de hablar de su propia experiencia.

He aquí una técnica en tres secuencias que ha obtenido un gran éxito. ¡Pruébela!

Sentimientos.

- Identifique los sentimientos de su hijo. Si se halla disgustado, frustrado, furioso...
- Dígale: «Me parece que estás muy enfadado».

Así, el niño tiene la oportunidad de determinar cuáles son sus sentimientos en ese preciso momento. Quizá diga: «Sí, estoy muy enfadado». En cambio, si dice: «No, sólo me siento frustrado», repita la opinión que él haya expresado: «Así que te sientes realmente frustrado en este momento». De este modo otorgará validez a los sentimientos de su hijo.

Utilice la técnica de hablar de su propia experiencia.

Hable de sus propias experiencias cuando usted tenía su edad.

● A continuación trate de encontrar una pizca de razón en los argumentos de la pelea de su hijo con usted. Por ejemplo, intente recordar algún momento en que usted, a la edad de él, se sintió frustrado como él.

● Dígale: «Entiendo cómo te sientes. Yo también me he sentido así. Cuando yo era adolescente, mi padre solía apagar el televisor justo en mitad de un programa».

Apunte la solución.

● Ahora comparta con el niño una solución o consejo que usted considere que le ha ayudado en la vida.

● Diga: «Lo que yo observé fue que cuando tenía hechas mis tareas caseras y los deberes, me resultaba mucho más fácil negociar para que me dejaran ver la televisión más tiempo».

Estas tres secuencias suelen funcionar de una forma mágica. El niño percibe que usted le comprende, se da cuenta de que usted ha pasado por lo mismo que él y ha sabido encontrar la solución. Esta técnica funciona especialmente bien con los adolescentes cuya primera causa de queja es que nadie los comprende. Están deseosos de conocer las experiencias de sus padres para poder decidir por sí mismos cómo deben manejar situaciones similares en su propia vida. Es una manera, exenta de intrusismo, de compartir experiencias cuando comienza a permitir a su hijo de cierta edad que resuelva sus propios problemas por sí mismo.

3. Imponga un tiempo de reflexión a su hijo.

En estos momentos, el estupor le ha vencido ya. Ha probado veinte versiones distintas de la técnica de hablar de su experiencia adolescente, y la pequeña Ana sigue histérica. Esta vez, usted tiene entre manos una rabieta con todas las de la ley. Carece de sentido que intente mantener cualquier tipo de comunicación razonable hasta que la niña haya podido calmarse, y tanto usted como ella hayan ganado alguna perspectiva sobre la situación. Es un buen momento para el tiempo de reflexión.

El tiempo de reflexión puede ser la oportunidad para que la situación se enfríe.

Asuma que su hijo desea comportarse de forma que pueda sentirse orgulloso. Dejar pasar un rato para que los ánimos se enfríen constituye una excelente manera de conseguir ese propósito.

Importante: Si su hijo tiene la edad suficiente para razonar, pídale que piense en posibles soluciones al problema durante el tiempo de reflexión.

Idea:

Una buena idea* para niños en edades comprendidas entre los dieciocho meses y los tres años consiste en habilitar una caja grande de cartón, abierta por arriba —aproximadamente del tamaño de un televisor grande—, que lleve incorporada una etiqueta donde ponga «caja de los berrinches». Cuando el pequeño coja una de sus rabietas, puede decirle que está bien si desea continuar armando jaleo, pero que tendrá que seguir dentro de la caja de los berrinches. Cuando esté dispuesto a poner fin a su rabieta, el pequeño podrá salir de la caja. Si no se muestra dispuesto, dígale: «Veo que no tienes intención de parar. Cuando te decidas, saldrás de aquí».

*Adaptado de *WE Newsletter* (1982) por Jean Clarke, autor de *Self-Esteem: A Family Affair.*

Imponga un tiempo de reflexión a su hijo.

4. En caso de perder los estribos, tómese *usted* un tiempo de reflexión.

Si ve que se siente excesivamente furiosa, dése la oportunidad de calmarse y pensar en lo que está ocurriendo. Algunos psicólogos lo llaman «tiempo de reflexión a la inversa».

Deje a su hijo en un sitio seguro, donde no pueda hacerse daño. Luego no tiene más que aislarse durante un rato. Vaya al cuarto de baño, a su habitación o cualquier otro sitio donde pueda relajarse y reflexionar sobre el incidente. Siéntese, llame a un amigo o a su psicólogo, haga lo necesario para recuperar la compostura.

Personalmente, me resulta de gran ayuda resumir por escrito, y en pocas líneas, el incidente en cuestión. Luego intento determinar por qué esa situación me ha irritado tanto. Por ejemplo:

☐ Me sentí impotente.
☐ Pienso que debería tener un mejor control sobre mi hijo.
☐ Me sentí herida y mi reacción fue perder los estribos.
☐ Había tenido un mal día (semana, año) y me liberé del estrés a través de mi hijo.
☐ Otros _____

Formule un posible plan. Por ejemplo:

☐ Esperar hasta que ambos nos hayamos calmado.
☐ Pedir perdón por haber perdido los estribos.
☐ Recordar a mi hijo que ambos estamos en el mismo equipo.
☐ Hacer que participe en la resolución del problema. Decirle: «¿Cómo podemos conseguir que la situación sea mejor para los dos?»

**En caso de perder los papeles,
tómese *usted* un tiempo de reflexión.**

Algunos padres tienen un sentimiento del deber que les impulsa a intervenir de inmediato al primer síntoma de conducta inaceptable. Sólo recuerde que no se produce ningún perjuicio psicológico grave, ni para usted ni para su hijo, por el hecho de que usted no intervenga en cuanto surge el problema. Si se siente descontrolado, dése el tiempo que necesite. Recuerde que no pasa nada si de vez en cuando pierde algunos puntos, mientras usted y su hijo sean los que ganen la partida.

5. Pregúntese qué es más importante para usted, el amor al poder o el poder del amor.

Las discusiones familiares se producen cuando el padre o la madre quiere controlar al niño y su comportamiento, más que ayudarle a desarrollar su propia escala de valores y su sentido de la responsabilidad. Si usted se pone en plan dictatorial cada vez que su hijo le muestra su desacuerdo, él recibirá el mensaje de que no está bien que tenga pensamientos, ideas, deseos y preferencias propios, así como sentimientos también propios. Puede que se convierta en un niño sumiso y que, al cabo de los años, usted se sorprenda diciéndole: «El hecho de que tus amigos lo hagan no significa que tú debas hacerlo también. ¿Es que no tienes opinión propia?». Comprenda que su deber es guiar, no controlar.

Pregúntese qué es más importante para usted, el amor al poder o el poder del amor.

CINCO MANERAS DE SALIR AIROSO DE UNA DISCUSIÓN FAMILIAR

- Trate de contemplar la situación desde la perspectiva de su hijo
- Use la técnica de hablar de su propia experiencia
- Impóngale a su hijo un tiempo de reflexión
- En caso de perder los estribos, tómese usted un tiempo de reflexión
- Pregúntese qué es más importante para usted... el amor al poder o el poder del amor

CINCO MANERAS DE SALIR AIROSO DE UNA DISCUSIÓN FAMILIAR

✓ TRATE DE CONTEMPLAR LA SITUACIÓN DESDE LA PERSPECTIVA DE SU HIJO
✓ USE LA TÉCNICA DE HABLAR DE SU PROPIA EXPERIENCIA
✓ IMPÓNGALE A SU HIJO UN TIEMPO DE REFLEXIÓN
✓ EN CASO DE PERDER LOS ESTRIBOS, TÓMESE USTED UN TIEMPO DE REFLEXIÓN
✓ PREGÚNTESE QUÉ ES MÁS IMPORTANTE PARA USTED... EL AMOR AL PODER O EL PODER DEL AMOR

Recetado por _____ Carolyn Ann Meeks _____ D.M.

7 • Cinco pasos para ayudar a su hijo a ser independiente y responsable

Si ha conseguido aprender a evitar una discusión familiar o a salir airoso de ella, ¡enhorabuena! Ahora está preparado para pasar a la resolución constructiva del problema. Los cinco pasos siguientes ayudarán a su hijo a convertirse en una persona responsable. Son aplicables para muchos de los problemas de comportamiento típicos, desde la rivalidad entre hermanos hasta los conflictos a la hora de hacer los deberes o de realizar tareas domésticas. Estos pasos son:

1. Escuchar a su hijo de forma positiva.

El primer paso para resolver cualquier problema con su hijo pasa por dejarle que le explique sus sentimientos y hacerle saber que ha sido escuchado. Mostrar interés por sus opiniones, preferencias y emociones es una de las cosas más importantes que puede hacer. Deje que proteste a voz en grito. Se quejará de injusticias,

Escuche a su hijo de forma positiva.

pedirá disculpas por una conducta inexcusable o le contará una historia absurda, sin pies ni cabeza, tan larga que a usted le dará tiempo de dormir una siesta antes de que termine. Pero aguántelo. Escuche con atención y responda con empatía. Eso ayudará a su hijo a liberar emociones, y a usted a comprenderle mejor.

Un grupo de adolescentes, reunidos recientemente con motivo de una conferencia pronunciada por un líder estudiantil, se mostró de acuerdo en afirmar que si tuvieran que dar un solo consejo a los padres de niños de todas las edades, ése sería el siguiente: que escuchen de verdad a sus hijos, que les demuestren que han oído lo que les han dicho y que lo han comprendido, que se identifiquen con sus dilemas.

Suponga que acaba de imponer un tiempo de reflexión a su hijo Jaime, de diez años, por haber tirado el estuche de maquillaje de su hermana mayor a la papelera. «Lo que más me molesta es que, por el hecho de ser una NIÑA, se cree que el cuarto de baño es suyo», dice Jaime de su hermana. «Me deja sin agua caliente, siembra todo el baño con sus asquerosas cosas de NIÑA, ensucia de MAQUILLAJE las toallas y siempre llego tarde a todas partes porque el cuarto de baño está ocupado.»

Escuche todo lo que su hijo tenga que decirle y ayúdele a identificar sus sentimientos. He aquí algunas respuestas que pueden ayudar a Jaime a sentirse mejor:

«Pareces realmente enfadado.»
«Crees que tu hermana no toma tus necesidades en consideración.»
«Eso debe de molestarte de verdad.»

Con frecuencia, su hijo reaccionará con alivio por haber encontrado al fin a alguien que comprende sus sentimientos.

2. Deje claro a su hijo que se preocupa por él.

Los niños saben perfectamente cuál es su papel: jugar, comer, hacer travesuras, destrozar su ropa cada dos semanas, formar el mayor jaleo posible, necesitar aparatos dentales correctores y, de vez en cuando, hacerle enfadar a usted.

Lo que ellos necesitan que se les recuerde es el papel *de usted* como padre y guardián de su salud, bienestar y seguridad, así como el compromiso asumido por usted en ese papel. Proclame bien alto que se preocupa por él.

Cuando el niño hace algo que puede causar daño, a él o a otras personas, o que a usted le preocupa, debe hacérsele responsable de sus actos.

Cuando Caty, de nueve años, llega de la escuela dos horas tarde y luego no puede comprender el lío que se arma a consecuencia de su tardanza, usted debe decirle: «Mi deber como padre es saber dónde estás, y si no llamas, me preocupa que pueda haberte sucedido algo».

Incluso niños muy pequeños pueden comprender que usted necesite que se comporten de forma responsable. Muchos responderán admirablemente bien, en especial si la próxima vez que Caty, en este caso, la llame desde casa de su amiga, usted se lo tiene en cuenta y toma buena nota del progreso efectuado o simplemente, le da las gracias.

3. Admita ante su hijo que usted es incapaz de resolver el problema sin su ayuda.

Entre los tres y los cinco años de edad, los niños necesitan ayuda para desarrollar sus estructuras y aprender a poner límites. Después de los cinco años necesitan empezar a participar en el proceso. Tomemos como ejemplo al pequeño Andrés, de once años. No es que odie lavar los platos, ni siquiera que tarde horas en hacerlo. Lo que le sucede es que siempre se le ocurren infinidad de cosas mejores que hacer. Noche tras noche, cuando llega la hora de limpiar la vajilla, se inicia la odisea del aplazamiento.

Deje claro a su hijo
que se preocupa
por él.

Admita ante su hijo que usted es incapaz de resolver el problema sin su ayuda.

«Andrés, ¿has fregado los platos?»

«Todavía no, mamá. Pero me pondré a ello en seguida.»

«¿Cuándo, Andrés?»

«Tan pronto como acabe lo que estoy haciendo.»

Al cabo de una hora:

«Andrés, ¿has fregado los platos?»

«Aún no, mami, lo haré dentro de cinco minutos.»

Cinco minutos más tarde:

«Muy bien, Andrés. Los cinco minutos han pasado ya. Friega los platos ahora mismo.»

«Estoy haciendo algo REALMENTE importante, mamá, y ya estoy acabando. Te prometo que en seguida estarán fregados los platos.»

Al cabo de media hora:

«¿Están fregados los platos, Andrés?»

«Mamá, es muy tarde, y estoy cansadísimo. ¿Puedo fregarlos mañana por la mañana?»

«¡LAVA LOS PLATOS AHORA MISMO O TE PASAS LA NOCHE EN VELA!»

Aunque Andrés no considera que ese ritual evasivo constituya un problema, su madre, sí. Hay que hacer algo para solucionarlo.

Dígale a su hijo que necesita de su colaboración para resolverlo. La madre podría decir: «Hijo, necesito tu ayuda. Cada noche la misma historia con lo de los platos. Francamente, yo no puedo resolver sola el problema». Si lo aborda de esta manera, el niño tiene la sensación de ser el depositario de la solución al problema. Ahora ya está usted preparada para dar el próximo paso.

4. Anime a su hijo a solucionar el problema.

Cuando se trata de un niño pequeño que se está portando mal, usted querrá ofrecerle unos incentivos e indicarle las consecuencias. Con niños de entre tres y cinco años, ya se puede empezar a involucrar al niño en la resolución de los problemas. Pídale a su hijo que confeccione una lista de posibles soluciones para cada problema que surja. Si no se le ocurren ideas de inmediato, déle tiempo para pensar en ello. (Acórtele el tiempo de juego si es muy pequeño o el de televisión o de teléfono si es más mayor, eso suele acelerar el proceso de forma considerable.) Es probable que haga enfadar a su hijo por ello, pero si *no* da ese paso, luego *usted* será la que se enfade; ignore la rabieta y proceda.

Anímele a que aporte soluciones, incluso si él piensa que no son bastante buenas. Llegados a este punto, es muy posible que usted obtenga respuestas como: «Bueno…, podríamos comer en platos desechables y así no tendríamos que fregarlos»; o bien: «Podrías lavarlos tú.» No deje de insistir.

Si a su hijo no se le ocurre ni una sola solución, déle un par de ejemplos para ponerlo en funcionamiento. Pero resérvese esto como último recurso.

Anotarse las ideas de su hijo le resultará de gran ayuda para mostrarle que usted las considera válidas. Más tarde, cuando ya tenga diversas opciones sobre la mesa, pregúntele cuál considera él la más acertada.

«Muy bien, pongamos que te dejas lo de los platos para mañana. ¿Cuánto rato más crees que tardarás en fregarlos si llevan incrustados los restos de comida ya endurecida? ¿Cuánto tendrás que madrugar mañana para que te dé tiempo de lavarlos? ¿Cuánto tiempo deberás acostarte antes hoy para dormir las horas que necesitas? Considere las opciones una por una. ¿Ventajas? ¿Inconvenientes? Por lo general, una de ellas aparece claramente vencedora, una solución con la que usted y su hijo pueden vivir.

Anime a su hijo a solucionar el problema.

5. Deje que su hijo afronte las consecuencias de sus actos.

¿Se acuerda de aquellos tiempos en que no le quedaba más remedio que afrontar la musiquilla? Había hecho algo que no debía o había dejado de hacer algo que se esperaba de usted. Seguramente, todavía tiembla pensando en alguna de sus travesuras. Sin embargo aprendió. Aprendió que no le gustaban la sensación y las consecuencias que su conducta le acarreaban. Y, en un momento dado, decidió no hacerlo nunca más. Todo por su cuenta.

Esto quizá resulte una gran sorpresa para padres concienzudos, pero el que usted deje que su hijo afronte las consecuencias de lo que ha hecho, o de lo que no ha hecho, puede constituir un regalo para él, *y* para usted.

Si su hijo no acaba los deberes, se retrasa a la hora de devolver los libros a la biblioteca o no llega a casa a tiempo para la cena, ésos son problema *de él*.

Tendrá que vérselas con el profesor al día siguiente, pagar una multa antes de tomar prestado otro libro y prepararse él mismo algo para cenar o irse hambriento a la cama. Todas ellas son consecuencias que no revisten peligro, pero que resultan lo bastante engorrosas como para que al niño le den qué pensar.

Por otra parte, si su hijo de nueve años le deja en el mármol de la cocina restos de mantequilla y mermelada de fresa, el paquete de cereales abierto, las migas de pan esparcidas, el vaso de leche a medias y otros utensilios fuera de sitio, la situación resulta algo distinta. En este caso, todo eso se convierte en problema *de usted*, sin consecuencias inmediatas para el niño. Así pues, usted debe imponer las consecuencias, por ejemplo, aplazar la cena hasta que la cocina haya quedado recogida.

Se trata de determinar a quién de los dos afectará la conducta de su hijo. Si sólo va a afectarle a él (y no puede sufrir daño real alguno), deje que afronte las consecuencias. Si su comportamiento tiene que afectarle a usted, impóngale consecuencias.

Deje que su hijo afronte las consecuencias de sus actos.

CINCO PASOS PARA AYUDAR A SU HIJO A SER INDEPENDIENTE Y RESPONSABLE

- Escuche a su hijo con una actitud positiva
- Déjele claro que se preocupa por él
- Admita ante su hijo que usted no es capaz de resolver el problema sin su ayuda
- Anímele a solucionar el problema
- Deje que su hijo afronte las consecuencias

CINCO PASOS PARA AYUDAR A SU HIJO A SER INDEPENDIENTE Y RESPONSABLE

✓ ESCUCHE A SU HIJO CON UNA ACTITUD POSITIVA
✓ DÉJELE CLARO QUE SE PREOCUPA POR ÉL
✓ ADMITA ANTE SU HIJO QUE UD. NO ES CAPAZ DE RESOLVER EL PROBLEMA SIN SU AYUDA
✓ ANÍMELE A SOLUCIONAR EL PROBLEMA
✓ DEJE QUE SU HIJO AFRONTE LAS CONSECUENCIAS

Recetado por _____ Carolyn Ann Meeks _____ D.M.

Parte III • SENTIRSE BIEN

8 • Cinco pasos para incrementar la propia autoestima

Casi todos los padres que han acudido a consultarme querían que sus hijos crecieran seguros de sí mismos, llenos de respeto hacia su persona, sus potenciales y sus necesidades, a fin de que pudieran convertirse en adultos felices, con confianza en ellos mismos y, en definitiva, satisfechos. Si desea mejorar la autoestima de su hijo, la mejor manera de conseguirlo es descubriendo cómo incrementar la suya propia.

Modelando en usted el tipo de actitud positiva y de comportamiento que desea que su hijo esgrima tiene muchas posibilidades de que el niño desarrolle la misma actitud y comportamiento. Si usted se siente bien consigo mismo, se dará cuenta de que su paciencia y su creatividad han aumentado, de que es más comunicativo y natural y más entusiasta frente a la vida en general.

En este capítulo encontrará cinco formas seguras de incrementar su propia autoestima. Será más feliz, también su hijo, y usted le estará proporcionando un ejemplo que le ayudará a convertirse en un adulto eficiente y seguro de sí mismo.

1. Utilice monólogo interior positivo.

En el tiempo que pasamos despiertos estamos, a cada momento, programando nuestras mentes. ¿No se lo cree? A partir de ahora dedique unos cuantos minutos de atención al monólogo interior que se desarrolla en su mente.

«Estoy hambrienta. Pero ¿qué hora debe ser? Sólo las once. Demasiado temprano para almorzar. Sin embargo, tengo hambre. Si me tomo ahora el almuerzo, a las tres de la tarde volveré a estar hambrienta. Me pregunto qué hay en la nevera. Me gustaría tomar algo dulce. Un pedazo de pastel de queso, una barrita de «Mars», una taza de chocolate caliente, un poco de helado de café o algo así. Ya vuelvo a encontrarme en las mismas, fuera de control. Y estoy gorda como un cerdito. No hay manera de que pueda controlar nada en mi vida...»

El hecho de que espere hasta la hora del almuerzo y acabe por tomar un emparedado de atún, sin probar ni pizca de chocolate, o que use una talla 46, no tiene consecuencia alguna para su mente, que ha sido programada en ese momento con pensamientos negativos: mi dieta está fuera de control; me estoy poniendo gorda como un cerdo; no soy capaz de controlar nada en mi vida.

Programar nuestras mentes con actitudes negativas no nos exige ningún esfuerzo. Lo hemos venido haciendo durante toda la vida. Lo que sí nos lo exige —al menos al principio— es afirmar lo buenos que somos, lo bien que queremos hacerlo todo y las cosas buenas que merecemos. Sin embargo, ese esfuerzo vale realmente la pena.

Las afirmaciones son asertos positivos. Si nos efectuamos afirmaciones a nosotros mismos sobre nosotros, éstas ocupan el lugar de los asertos negativos, de los cuales nos hemos ido alimentando desde que éramos niños. Pueden constituir poderosas expresiones de un compromiso de cambio por nuestra parte.

Las afirmaciones trabajarán para usted, haga la prueba.

A continuación, una lista de asertos positivos que han resultado muy útiles para mis clientes, así como para

USE PENSAMIENTOS POSITIVOS PARA REEMPLAZAR EL AUTOESCEPTICISMO NEGATIVO Y LA AUTOCRITICA

SOY UNA MADRE COMPETENTE Y CARIÑOSA

LAS AFIRMACIONES SON EXPRESIONES PODEROSAS DE NUESTRO COMPROMISO DE CAMBIO

Utilice monólogo interior positivo.

los participantes en mis seminarios. Escoja los que considere más adecuados para usted, o fabríqueselos según su propio criterio. Escriba cada uno de ellos quince veces al día, o dígalos. Intente hacerlo con un sentido y un propósito, sin importarle cuán estúpida se sienta cuando lo hace. Al cabo de un rato, las afirmaciones empezarán a ser asimiladas y a formar parte de usted misma.

Repetimos estas afirmaciones al final del libro. Recórtelas y llévelas en su coche, en lugar visible, péguelas en el espejo del cuarto de baño, sobre la nevera, en su cartera o en cualquier sitio donde usted esté segura de no olvidarlas.

Aplique este sistema durante siete días y observe el cambio que se opera en su vida.

AFIRMACIONES

Yo, _____ soy un/a padre/madre competente y cariñoso/a y merezco respetarme a mí mismo/a y ser respetado/a por los demás.

Yo, _____ adoro ser padre/madre y cada día encuentro nuevas maneras de disfrutar de ello.

Yo, _____ me lo estoy pasando estupendamente haciendo lo que hago en este momento.

Yo, _____ estoy dispuesto/a a aceptar abundante energía positiva en mi vida.

Yo, _____ soy honesto/a conmigo mismo acerca de lo que es realmente importante para mí, en contraposición con lo que los que me rodean valoran.

Yo, _____ me siento estimulado/a por todas las posibilidades que se me presentan en la vida.

Yo, _____ estoy dispuesto/a a tener cada día más (distracciones, paz, descanso, felicidad, dinero, tiempo para mis hijos, tiempo para mí, etc.) en mi vida.

Yo, _____ me preocupo lo bastante por mis hijos como para ponerles límites.

Yo, _____ voy a abrirme al máximo para recibir el amor de los demás.

Yo, _____ contemplo a mis hijos como los seres maravillosos, únicos y deliciosos que son, y estoy dispuesto/a a demostrarles lo mucho que los quiero.

2. Deshágase de sus «yo debería».

«Oh, en realidad debería irme a casa; debería estar allí cuando lleguen los niños. Nunca se acuerdan de coger las llaves. Creo que debería ponerles una nota en las bolsas de sus desayunos para recordárselo.» ¿Le suena de algo?

Hemos crecido escuchando estas cosas de nuestros padres, y ellos crecieron escuchándolas de los suyos. Es probable que los padres de la era de las cavernas empezaran con ello, diciéndose a sí mismos que no deberían pasar tanto tiempo cazando osos, sino que deberían estar más tiempo alrededor del fuego con sus niños de las cavernas.

«Para ser un/a buen/a padre/madre, una persona acorde con los tiempos, *debería* hacer esto y *no debería* hacer lo otro. Conclusión: Existe un algo invisible por ahí que me marca las reglas y juzga si las aplico o no. No soy yo quien se encarga de eso.»

He aquí una salida para la trampa del «debería»:

Tómese ahora mismo un minuto para realizar el siguiente ejercicio.

Hágalo lo más deprisa posible, sin pensar demasiado en lo que escribe. Utilice el espacio que dejamos a continuación para anotar tres frases de «debería» que se hallen en relación con su vida (por ejemplo, «debería tener la casa más limpia», «debería llamar a mi madre con más frecuencia», «debería ponerme a régimen»).

1. _____

2. _____

3. _____

Deshágase de sus «yo debería».

Ahora vuelva a repasar sus tres frases y reemplace los «debería» por «voy a optar por» o «voy a optar por no», según le parezca el más adecuado para cada caso.

«Voy a optar por irme a casa ahora porque quiero estar allí cuando los niños lleguen», restituye el control donde debe estar, en *usted*. Asumir el control de su propia vida es uno de los pasos más importantes para desarrollar su autoestima.

3. Entréguese a su pasión, ¡haga que suceda!

¿Qué es lo que realmente le apetece? Si usted pudiera hacer *todo* lo que quisiera —si tuviese valor, educación, dinero y apoyo que necesita para llevar a cabo cualquier cosa que se le antojase—, ¿qué es lo que haría? ¿Qué *desea* usted realmente en esta vida? Éstas podrían ser las cuestiones más importantes que se haya planteado en su vida. Las respuestas constituyen aquello que le mantendrá en contacto con su auténtica pasión, con la parte de usted que se activa mediante entusiasmo y energía, aquella parte que hace que la vida valga la pena. ¿Qué ocurre con *sus* sueños? ¿Hay algo que usted ha estado aplazando siempre y que podría empezar *ahora*? Haga una lista de sus metas a corto y largo plazo.

METAS A CORTO PLAZO	*METAS A LARGO PLAZO*
1. _____	1. _____
2. _____	2. _____

3. _____ 3. _____

4. _____ 4. _____

5. _____ 5. _____

 Dedique tiempo a esta tarea. Piense cuidadosamente en ello. A medida que vaya obteniendo respuestas, pregúntese lo siguiente: «¿Por qué no lo estoy haciendo?» Es muy probable que la respuesta sea el miedo a los pros y los contras. Una forma de superar ese miedo consiste en hacer una lista de los pros de llevar a cabo cualquier acción que le proporcione auténtica satisfacción. Luego, para cada «contra» haga una lista de todos los caminos que podría seguir para superar ese obstáculo.

META: _____

PROS   **CONTRAS**   **FORMAS DE SUPERARLO**

_____ _____ _____

_____ _____ _____

_____ _____ _____

_____   _____   _____

_____   _____   _____

Y ahora, ¡a por ello! Recuerde que para la vida no existen los ensayos.

4. Considere la posibilidad de asistir a un curso de firmeza.

Algunos padres han venido demostrando habilidad para imponerse desde una edad temprana. Si ése es su caso, pase al próximo punto. Pero si mostrarse firme no le resulta nada fácil, continúe la lectura.

Imponerse no significa saltarse los sentimientos de quienes nos rodean diciendo: «¡YO PRIMERO!». Más bien significa pedir lo que queremos sin herir a nadie.

Hace diez años, cuando asistí a un curso de firmeza, mi hermana temía que aprendiera a ser brusca y la avergonzara en los restaurantes gritando cosas como: «Oiga, camarero, ¡han olvidado ponerme nueces en el helado!»; pero en lugar de eso, aprendí una manera mejor de hacerlo: «Perdone, pero _me gustaría_ que me pusieran nueces en el helado». Pronto me di cuenta de que el camarero casi echaba a correr, en lugar de andar, para atender mi solicitud. En algunas ocasiones tendrá que mostrarse agresivo para afrontar problemas más serios y es muy importante que sepa cómo hacerlo.

Yo recomiendo asistir a un curso de firmeza. Con frecuencia, éstos son impartidos por asociaciones eclesiásticas, municipales o privadas.

Entréguese a su pasión. Haga que suceda.

Si usted es capaz de mejorar sus dotes de firmeza, podrá transmitirlas a sus hijos. Se dará cuenta de que saber imponerse mejora de forma directa su efectividad como padre.

Considere la posibilidad de asistir a un curso de firmeza.

5. Recuerde: nunca es tarde para tener una infancia feliz.

Nuestra autoestima se forma a partir de mensajes que recibimos de niños, por lo general antes de los cinco años. Si usted es como la mayoría de nosotros, recibió mensajes mixtos. Unos eran positivos y otros negativos. Pero no importa lo negativos que fueran esos mensajes, nunca es tarde para cambiarlos.

Cuando yo era niña, quería una muñeca «pepona» a la que ofrecer un hogar permanente. Quise una para mi cumpleaños. Quise una para Navidad. Quise una por Pascua. Quise una para el día de mi santo..., y en cualquier otra ocasión que garantizara un regalo. Sin embargo, nunca me la regalaron.

Esa muñeca se convirtió en un símbolo para mí que significaba: «Nunca obtengo lo que quiero».

Años después, cuando estaba pasando una época particularmente difícil y pensaba que las cosas nunca me salían como yo quería, me acordé de la muñeca «pepona». Pero esta vez, en lugar de lamentarme por el hecho de que nadie me hubiera regalado una, salí y me compré una preciosa «pepona». Para mí, la muñeca simbolizaba: «He aprendido a ocuparme de mis deseos y necesidades».

Créese *ahora* el entorno que le hubiera gustado tener de niño. Dígase a usted mismo, *ahora*, las cosas que le gustaría que sus padres le hubieran dicho de niño. Decida qué tipo de persona quiere usted ser —no el que sus padres le dijeron que era—, y empiece a decirse que *ahora* usted es así.

Nunca es demasiado tarde para modificar su comportamiento, su entorno y sus gustos. Recuerde que cuantas más experiencias positivas tenga en su vida, más podrá transmitir a los demás. Si su copa está vacía, no tendrá nada para dar a los demás, pero si está llena a rebosar, todo el mundo se beneficiará. Encontrará que cuanto mejor se sienta consigo mismo en general, más seguro y hábil será como padre.

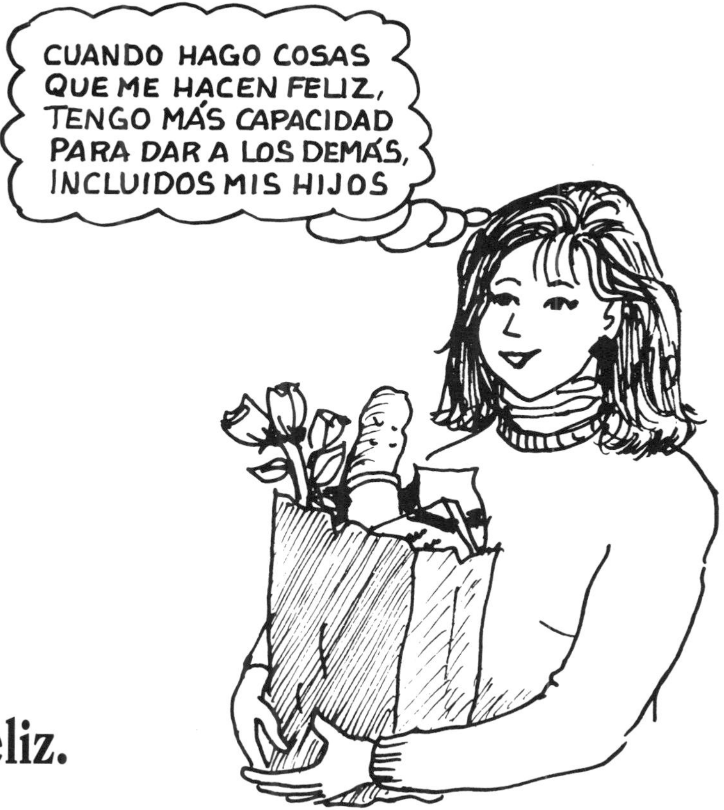

Recuerde:
nunca es tarde para
tener una infancia feliz.

CINCO PASOS PARA INCREMENTAR SU AUTOESTIMA

- ● Use monólogo interior positivo
- ● Deshágase de sus «yo debería»
- ● Entréguese a su pasión..., haga que suceda
- ● Considere la posibilidad de asistir a un curso de firmeza
- ● Recuerde: nunca es tarde para tener una infancia feliz

 R

CINCO PASOS PARA INCREMENTAR SU AUTOESTIMA

✓ USE MONÓLOGO INTERIOR POSITIVO

✓ DESHÁGASE DE SUS " YO DEBERÍA"

✓ ENTRÉGUESE A SU PASIÓN.... HAGA QUE SUCEDA

✓ CONSIDERE LA POSIBILIDAD DE ASISTIR A UN CURSO DE FIRMEZA

✓ RECUERDE: NUNCA ES TARDE PARA TENER UNA INFANCIA FELIZ

 Recetado por _____ Carolyn Ann Meeks _____ D.M.

9 • Cinco pasos para incrementar la autoestima de su hijo

Los niños que tienen una autoestima elevada siempre se comportan mejor que los que presentan un bajo grado de autoestima. Un niño que se porta muy mal es un niño desanimado, un niño cuya valoración de sí mismo necesita un fuerte impulso positivo. He recomendado los cinco pasos siguientes a los padres que han acudido a mi consulta, y nunca han dejado de comunicarme resultados positivos. Éstos requieren un compromiso real por su parte, pero el esfuerzo, sin duda alguna, vale la pena. Estos pasos, aplicados de una forma progresiva, proporcionan una base sólida para conseguir que se produzca la mejora deseada en el comportamiento de su hijo.

1. Haga una lista de las cualidades positivas de su hijo.

Tómese ahora mismo un minuto para hacer una lista de todas las buenas cualidades que usted haya podido observar en su hijo, todo lo que le gusta de él. No tienen por qué estar en un orden determinado, limítese a anotarlas. Por ejemplo:

Lo que me gusta de Carlitos:

Es —astuto
  —inteligente
  —le gustan los animales
  —vivaz
  —creativo

Si no puede acordarse de todo en este momento, empiece la lista y vaya añadiendo puntos. Deje la lista donde pueda verla y así podrá recordar algunos de los puntos fuertes de su hijo.

Muchas veces nos quedamos tan clavados en las cosas que nuestro hijo está haciendo «mal», «equivocadas» o «de tal forma que no llega al nivel que esperamos de él», que nos olvidamos de las cosas deliciosas, simpáticas, ocurrentes, creativas, divertidas, cariñosas, amables e inteligentes que hace. Esta lista le ayudará a verlo todo de nuevo en su correcta perspectiva y hará que su hijo se vea a sí mismo bajo una perspectiva más equilibrada.

Carlitos
✓ Divertido
✓ Ocurrente
✓ Cariñoso
✓ Recoge
✓ Su ropa
Da de comer a

**Haga una lista
de las cualidades
positivas de su hijo.**

2. Irradie pensamientos positivos hacia su hijo.

Si el comportamiento de su hijo constituye un problema para usted, o si percibe que la autoestima del niño necesita un revulsivo urgente pruebe con esto:

Durante una semana, todo el tiempo que su hijo esté despierto, ofrézcale un mensaje positivo, ya sea verbal o expresado mediante el lenguaje corporal. Acordarse permanentemente de hacer eso exige de su parte una gran cantidad de motivación. Incluso puede dejar notas adhesivas en la puerta del frigorífico, en el teléfono, el espejo, la cartera del colegio, sobre su almohada, en fin, ya me entiende. Si consigue mantenerse en esta actitud, obtendrá resultados sorprendentes, tanto para usted como para su hijo.

La incentivación positiva puede manifestarse en cosas como una sonrisa, pensar en las virtudes del niño, decirle de vez en cuando «has hecho un buen trabajo» cuando corresponda, advertir que lo está haciendo bien, un golpecito en la espalda, una caricia en el pelo, un abrazo, describir o tener en cuenta las cosas que hace y, en definitiva, sentirse feliz de que haya nacido. Tampoco hace falta que, cuando está jugando lo interrumpa para poner en práctica este sistema. Basta con irradiar energía positiva hacia su hijo. Él captará el mensaje, sea éste verbal o no. Los niños tienen mucha intuición. Saben lo que usted piensa de ellos, aunque no lo exprese de manera verbal.

Irradie pensamientos positivos hacia su hijo.

3. Dedique a su hijo un tiempo exclusivo.

Si su hijo se está comportando mal, se encuentra muy excitado o le está causando problemas, es probable que la última cosa que le apetezca a usted sea pasar un rato con él. Sin embargo, es precisamente en ese momento cuando debe hacerlo.*

Si su hijo tiene más de diez años, lléveselo a una hamburguesería o a cualquier otro sitio que usted sepa que le gusta de forma especial, para estar un rato con él a solas. No le dé lecciones, no le haga preguntas, pase un rato con él hablando de las cosas que él quiera hablar.

Si tiene un niño más pequeño que se porta mal, pruebe con la siguiente sugerencia. Exige un compromiso real por su parte, pero su funcionamiento está garantizado si usted sigue las reglas básicas que enumeramos a continuación:

TIEMPO EXCLUSIVO

- Conceda a su hijo de quince a veinte minutos de atención exclusiva, entre tres y cinco veces a la semana. No se exceda del tiempo marcado, ya que el ejercicio podría convertirse en una carga para usted y hacer que se decidiera a no continuar con él.
- Asigne a ese período de tiempo el nombre de su hijo, por ejemplo, «tiempo exclusivo de Alex».
- Permita que su hijo se encargue de escoger la actividad a realizar, aunque no tiene por qué tratarse de algo que usted odie hacer. Si se trata de un niño pequeño, usted puede sugerirle diversas posibilidades.
- Dado que el tiempo exclusivo está pensado como un rato libre de estrés, no le dé lecciones durante ese rato.

*Si tiene otros niños en casa que se portan bien, le sugiero que les dedique también tiempo exclusivo. Si comparte la tarea con su pareja, le sugiero que se lo vayan alternando, asignando un tiempo a cada niño si es posible.

Dedique a su hijo un tiempo exclusivo.

● No le haga preguntas. (Las preguntas constituyen una forma de enseñanza; si usted, por ejemplo, le pregunta: «¿De qué color es esto?», se coloca con su hijo en una relación maestro-alumno, en una situación de superioridad. A buen seguro deseará que ese ratito sea de descanso para ambos.)

● Describa lo que su hijo va haciendo. Esto puede parecerle aburrido; pero, de esa forma, su hijo sabrá que usted le está dedicando toda su atención. Alabe las acciones de su hijo cuando corresponda.

Recuerde que la mala conducta no es más que una llamada al amor, y su atención exclusiva es una expresión de amor capaz de cambiar radicalmente las cosas.

4. Tenga cuidado cuando hable de su hijo.

Los niños vienen al mundo sin ideas preconcebidas acerca de lo que son o no son capaces de hacer. Aprenden a llenar los blancos —descubrir su identidad— a partir de sus padres y otras personas de su entorno. Viven —o malviven— según las etiquetas que los padres les cuelgan.

Si un niño que llora es ignorado, deducirá: «No soy digno de atención». Si es tratado con brusquedad: «No soy digno de cariño y amor». Si a un niño de tres años no se le permite que lleve a la práctica ninguna de sus propias decisiones, está sobreprotegido, deducirá: «Soy un inútil; el mundo es un lugar peligroso, mejor que le tenga miedo».

Si usted le dice varias veces a un niño de cinco años: «Eres el niño más desordenado que he visto en mi vida», el pequeño irá realmente en camino de convertirse en el niño más desordenado que usted haya visto nunca. Y si le dice a su hermano: «¡Pareces tonto de remate! ¿No eres capaz de hacer algo bien?», puede suceder muy bien que llegue un día en que el niño no sepa hacer nada a derechas.

Tenga cuidado cuando hable de su hijo.

Lo que usted dice a otros al alcance del oído de sus hijos es tan importante como lo que les dice a ellos directamente. Con frecuencia, esas cosas les causan un mayor impacto, ya que ellos creen que no deberían haberlas oído.

Si su hija tiene un problema de timidez, procure que la oiga diciéndole a una amiga por teléfono: «Cristina está haciendo auténticos esfuerzos para ser más abierta. Hoy, en el supermercado, se ha ido directa a decirle hola a la Sra. Jiménez». O bien deje que su hijo oiga cómo le cuenta a su marido lo bien que se ha portado en el «super», cómo la ha ayudado con la compra y lo considerado que se está volviendo.

Nunca es demasiado tarde para que ayude a su hijo a ganar confianza en sus propias habilidades. Empiece hoy mismo refiriéndose a él de una manera positiva.

5. Reconozca su esfuerzo, interés y concentración.

Con un niño perfeccionista o con uno cuya autoestima es muy baja, la alabanza directa en forma de cumplido puede ser rechazada. No importa a qué se refiera el cumplido, el niño siempre encontrará a alguien que lo haga mejor, que sea más gracioso o más guapo.

Dígale a Juan lo bien que construye edificios con el juego de construcciones y él le dirá que no es cierto. Coméntele a Carmen lo bien que lo ha hecho en la clase de gimnasia y ella le replicará que eso no es verdad. En una situación de este tipo, usted siempre podrá decir: «Bien, ésa es mi opinión de todos modos». Eso refuerza el derecho del niño a tener una opinión y le produce impacto igualmente.

En algunos casos, el niño perfeccionista no deja de frustrarse con metas poco realistas. No importa todo lo que haya conseguido, no es lo bastante bueno o, una vez alcanzado, el objetivo es considerado insignificante por el niño. Un niño cuya autoestima sea muy baja no suele sentirse estimulado por ninguno de los objetivos

Reconozca su esfuerzo, interés y concentración.

conseguidos o bien claudica antes de tiempo. Si su hijo es perfeccionista o se tiene en baja autoestima, quizá sea mejor desestimar la consecución de objetivos como meta principal y, en lugar de eso, pasar a reconocer y agradecer (1) cualquier esfuerzo, (2) interés y (3) concentración. Cuando un niño se da cuenta de que se le reconoce ese trabajo, su actitud general, su conducta y su productividad mejorarán de forma casi automática.

1. *Reconozca el esfuerzo.* El esfuerzo es un objetivo valioso en sí mismo. Si una persona es capaz de esforzarse realmente en la vida, es probable que pueda conseguir cualquier cosa que se proponga. «Chico, parece que te has esforzado mucho con el juego de construcciones para hacer ese edificio; ¡fíjate qué cantidad de detalles!», o bien: «Hoy te has esforzado realmente en el campo de fútbol; menuda potencia».

2. *Reconozca el interés.* Reconozca y anime cualquier interés especial en su hijo. Si él realiza alguna actividad en particular por la que demuestra tener interés, eso incrementará su entusiasmo por la vida en general y le ayudará a combatir la depresión. ¿Qué le estimula realmente? ¿Los coches? ¿Los juegos? ¿Los amigos? ¿Un deporte en particular? ¿La música? Sea lo que sea, reconózcalo. «Pareces estar interesado en construir cosas.» «Parece que te gusta mucho bailar.» «Parece que te gusta mucho esa música que tocas.»

Si su hijo desarrolla intereses fuertes cuando es pequeño, hay más posibilidades de que esté ocupado de una forma productiva en su adolescencia, y menos de que recurra a las drogas o al comportamiento inaceptable para estimularse.

3. *Reconozca su concentración.* Por último considere a su hijo capaz de pensar acertadamente y de solucionar problemas. Siempre que proponga una solución posible para un problema, coméntele lo bien que ha sabido solucionarlo. Si usted ve que se está concentrando en un proyecto o en sus deberes de la escuela, agradézcaselo. Si el niño se ve a sí mismo como una persona capaz de usar su cerebro, tendrá una mayor capacidad para superar las situaciones difíciles que la vida pueda plantearle.

CINCO PASOS PARA INCREMENTAR LA AUTOESTIMA DE SU HIJO

- Haga una lista de las cualidades positivas de su hijo
- Irradie pensamientos positivos hacia su hijo
- Dedique tiempo exclusivo a su hijo
- Tenga cuidado cuando hable de su hijo
- Reconozca su esfuerzo, interés y concentración

 CINCO PASOS PARA INCREMENTAR LA AUTOESTIMA DE SU HIJO

- √ HAGA UNA LISTA DE LAS CUALIDADES POSITIVAS DE SU HIJO
- √ IRRADIE PENSAMIENTOS POSITIVOS HACIA SU HIJO
- √ DEDIQUE TIEMPO EXCLUSIVO A SU HIJO
- √ TENGA CUIDADO CUANDO HABLE DE SU HIJO
- √ RECONOZCA SU ESFUERZO, INTERÉS Y CONCENTRACIÓN

 Recetado por _Carolyn Ann Meeks_ D.M.

10 • Cinco pasos más para incrementar la autoestima de su hijo

1. Anime a su hijo a que aprenda a identificar y expresar sus sentimientos.

Un niño con un grado elevado de autoestima:

● Está en contacto con sus sentimientos
● Se fía de sus sentimientos
● Sabe que es sano actuar según sus sentimientos le dicten, por ejemplo, felicidad, tristeza, enfado.

Los problemas surgen cuando los padres se sienten responsables de cada emoción que sus hijos experimentan. Si el niño está enfadado, parece infeliz o se siente deprimido, estos papás tienen la impresión de que es debido a que ellos no lo están haciendo bien, a que, de alguna manera, han fracasado como padres. Lo que suele suceder en respuesta a esa actitud de los padres es que el niño aprende a esconder sus sentimientos reales porque éstos no son aceptables para sus padres. En años venideros, el resultado final quedará materializado en una persona que ha perdido de vista sus sentimientos de tal manera, que no sabe muy bien lo que siente, o en una persona que parece complaciente, pero que está llena de ese tipo de emociones ocultas que pueden inducir a toda clase de problemas.

Para fomentar la autoestima de su hijo y evitar problemas en el futuro, le recomiendo lo siguiente:

- Advierta los sentimientos de su hijo, sean los que sean, incluso si éstos le hacen sentirse incómodo.
- Si su hijo parece enfadado o triste, pregúntele cómo se siente o hágale saber que se da cuenta de sus sentimientos diciéndole: «Pareces triste» o «Pareces enfadado».
- No intente cambiar sus sentimientos. En lugar de ello, déjele hablar de los mismos.
- Deje que su hijo se dé cuenta y aprenda a identificar sus sentimientos. Si el niño está contento, adviértalo. Hágale saber que es consciente de su alegría y su estusiasmo, diciéndole: «Parece que te has alegrado mucho por...», en lugar de decir: «Has hecho que me sienta orgulloso de ti». De esa manera puede ayudar a su hijo a aprender a sentirse bien interiormente, a aprender a complacerse a sí mismo más que a usted.
- Si su hijo está enfadado, irritado o frustrado, deje que exprese sus sentimientos. A veces, los padres encuentran difícil tratar a sus hijos cuando se sienten así, muchas veces porque los papás lo pasan mal cuando deben enfrentarse ellos mismos a emociones de ese tipo. Estos sentimientos existen, se quiera o no. Al decirle al niño «No te enfades» o ignorar sus sentimientos con comentarios como «No tienes derecho a enfadarte» o «No hace falta que la armes por eso», usted le está enseñando a su hijo a no confiar o a no demostrar sus sentimientos.

He aquí algunas afirmaciones que puede usar con su hijo:

- «Tienes mucha mano para resolver problemas.»
- «Puedes aprender de tus errores.»
- «Es normal que estés triste algunas veces.»
- «Debes desahogarte.»
- «Confía en tus sentimientos.»
- «Puedes hacer nuevos amigos.»

188

Anime a su hijo a que
aprenda a identificar y a
expresar sus sentimientos.

2. Utilice un tono de voz positivo.

Su tono de voz, así como la expresión de su rostro, puede decirle algo a su hijo tan rápidamente como las palabras que le dirija. Si el tono es sarcástico, preocupado o irritado, implica que usted no está contento con él, con independencia de lo que indiquen las palabras que usted está empleando.

Si usted saluda a su hijo con aprecio, entusiasmo y cariño en la voz, aunque lo que le diga sea de lo más banal. «Hola, ¿cómo te ha ido hoy en el cole?», su hijo interpretará: «Mi mamá está contenta de verme, me quiere y es feliz de tenerme de nuevo en casa».

Los niños se forman una opinión de lo que creen que merecen en la vida a partir de la manera en que son tratados por sus padres. Si un padre cumple con todos los requisitos de su condición, pero lo hace con sarcasmo u hostilidad en la voz, el niño va a recordar lo que eso implica.

Si usted está enfadado por algo que no tiene nada que ver con su hijo —una pelea con su pareja o problemas en el trabajo, por ejemplo— *lo mejor es que le explique a su hijo que los problemas de los mayores son los que le han hecho enfadar o son la causa de su tristeza o ansiedad. De esta manera, el niño no creerá que la irritación en su tono de voz es debida a algo que él ha hecho.*

3. Enséñele a su hijo cómo convertir una queja en una petición.

Roger, de once años, se pasaba el día echando la culpa de todo a los demás. También era muy quejica, y un criticón. Siempre encontraba algo malo en las personas y en las cosas. Resumiendo, Roger era de aquellos niños de «verlos y echar a correr».

Cuando sus padres llamaron a mi consulta para pedirme una cita, estaban desesperados.

«Nuestro hijo siempre encuentra a alguien a quien echar la culpa de cualquier cosa», dijo el padre de Roger.

Utilice un tono de voz positivo.

«Cuando era pequeño, pensamos que con el tiempo perdería esa molesta costumbre, pero si de alguna manera la ha modificado, ha sido para peor. A nadie le gusta tener cerca a un niño que se pasa el rato criticando y quejándose.»

Les conté un secreto que todo psicólogo conoce: el quejica que está tan a menudo encima de los demás suele ser igual de duro consigo mismo. Cuando percibimos algo que no nos gusta de otra persona, muchas veces es debido a que esa misma cosa no nos gusta en nosotros mismos.

Alguien como Roger, con una necesidad exagerada de criticar y echar la culpa a los demás, es probable que tenga una imagen negativa de sí mismo. Una cosa importante que se puede hacer para corregir en un niño la tendencia a quejarse y a echar culpas por doquier consiste en enseñarle cómo sustituir la queja o la culpabilización por una petición. Así, por ejemplo, la próxima vez que Roger venga disparado del jardín quejándose de que Daniel le ha quitado el guante de béisbol y se lo ha estropeado, en lugar de pasarse 45 minutos estupendos escuchando el relato de todas las veces que Daniel le ha sometido a sus cobardes fechorías, los padres podrían sugerir a Roger que convirtiera esa queja en una petición.

«Consígueme otro guante, por favor», es todo lo que tiene que decirle Roger a Daniel.

Cuando Roger se queja de que hace tanto calor en la casa que casi no puede respirar y se siente como si fuera a desmayarse, su madre puede recordarle que debe convertir la queja en una petición. «Por favor, baja la calefacción» servirá en esta ocasión.

Cuando el niño haya aprendido a solicitar algo en lugar de quejarse, eso significará que, en efecto, también ha bajado el volumen de su propia autocrítica interior, la parte de él que le dice que no es lo bastante bueno, lo bastante digno de..., lo bastante guapo ni lo bastante listo.

Entre adolescentes, la forma más eficaz de formular una petición consiste en precederla de una declaración de compromiso. «Eres mi hermana y quiero que nos llevemos bien. Te pido que no cojas mis cosas sin habérmelas pedido antes.»

Hágale comprender a su hijo que puede convertir su queja en una petición, y pedir lo que desea.

Enséñele a su hijo cómo convertir una queja en una petición.

4. Anímele a mantener relaciones saludables.

Para que un niño se sienta bien consigo mismo, sus padres deben preocuparse de sus necesidades sociales (que desarrolle amistades, aprenda a relacionarse con la gente de una manera saludable, etc.).

Algunos padres dan tanta importancia al hecho de que su hijo obtenga buenos resultados en la escuela, que olvidan que las necesidades sociales de un niño son tan importantes como las escolares.

Para nutrir esas necesidades del niño hay diversos ámbitos:

- La familia: padres, hermanos y otros parientes cercanos
- El entorno de los demás niños
- Los adultos —excluidos los padres— y mayores
- Los animales domésticos

Cuando el niño ha cumplido los tres años, los padres deben empezar a crearle oportunidades para que pueda relacionarse con niños de su edad y más mayores, así como con adultos que no sean sus padres. Ello puede requerir que «importen» niños durante unas horas, una o dos veces por semana, si el niño no va todavía a la guardería.

Cuando el niño va a la escuela, resulta aún más importante que se le permita hacer amistades íntimas.

Los deportes de equipo, actividades extraescolares, colonias infantiles y juveniles y otras actividades ofrecen excelentes oportunidades para formar amistades. Los padres que se relacionan con sus propias amistades proporcionan a sus hijos un modelo que les ayuda a comprender la saludable amistad del dar y el recibir, así como la relación emocional que ésta conlleva.

Para los adolescentes, su tiempo de ocio es tan importante como el que pasan en la escuela. Y dado que la mayor parte del mismo están colgados del teléfono, quizá le parezca adecuado animar a su hijo a que gane el

Anímele a mantener relaciones saludables.

dinero suficiente para pagarse su propio consumo telefónico, o bien decida asignarle un horario telefónico, si es que la familia comparte un solo teléfono.

Lo más importante a recordar es la necesidad que su hijo tiene de disponer de tiempo y oportunidades para desarrollar relaciones personales cercanas, fuera de su entorno familiar inmediato. Es muy posible que eso exija algo de resignación por su parte cada vez que su hija se vaya a catequesis, a una reunión del grupo de colonias o a una fiesta de cumpleaños.

5. Anímele a realizar descubrimientos por su cuenta.

Una de las mayores alegrías en la infancia es descubrir algo nuevo. Y una de las sensaciones más grandes de logro la tienen los niños cuando han conseguido hacer algo por ellos mismos.

En ocasiones, los padres, en su obsesión por ayudar a sus hijos, acaban privándoles de los beneficios de realizar un descubrimiento o de conseguir cualquier logro por sí mismos al proporcionarles las respuestas. En lugar de aprender a ser creativo y decidido en su aproximación a la vida y sus problemas, el niño al que no se ha permitido encontrar sus propias soluciones se siente mal equipado para afrontar los desafíos de la vida cuando se topa con ellos.

Es importante que su hijo sepa que es normal fracasar, que el fracaso es una herramienta de aprendizaje y que las recesiones temporales forman parte del juego. Haga que comprenda que usted confía en él, que le cree capaz de enfrentarse a sus fracasos al igual que hace con sus éxitos. Háblele de las veces en que usted lo intentó y fracasó, y de lo que aprendió de la experiencia.

Anime a su hijo, pero no haga las cosas por él. Si es posible, acompáñele en el proceso de descubrimiento, pero no le prive de la alegría y la sensación de triunfo que experimentará cuando haya conseguido algo por sí mismo.

Anímele a realizar descubrimientos por su cuenta.

CINCO PASOS MÁS PARA INCREMENTAR LA AUTOESTIMA DE SU HIJO

- Anime a su hijo a que aprenda a identificar y expresar sus sentimientos
- Use un tono de voz positivo
- Enséñele a su hijo cómo convertir una queja en una petición
- Anímele a tener relaciones saludables, tanto dentro como fuera del entorno familiar
- Anímele a realizar descubrimientos por su cuenta

 CINCO PASOS MÁS PARA INCREMENTAR LA AUTOESTIMA DE SU HIJO

√ ANIME A SU HIJO A QUE APRENDA A IDENTIFICAR Y EXPRESAR SUS SENTIMIENTOS

√ USE UN TONO DE VOZ POSITIVO

√ ENSÉÑELE A SU HIJO CÓMO CONVERTIR UNA QUEJA EN UNA PETICIÓN

√ ANÍMELE A TENER RELACIONES SALUDABLES, TANTO DENTRO COMO FUERA DEL ENTORNO FAMILIAR

√ ANÍMELE A REALIZAR DESCUBRIMIENTOS POR SU CUENTA

 Recetado por ___ Carolyn Ann Meeks ___ D.M.

11 • Cómo tratar el sentimiento de culpabilidad

La madre de Raquel, una niña de tres años, va a dar una fiesta. Se ha pasado toda la mañana limpiando la fastidiosa alfombra blanca de la sala con espuma seca. Precisamente acaba de terminar cuando su hija aparece, tambaleándose, con un plato de espaguetis entre las manos.

«¡Vuelve a la cocina de inmediato», grita su madre enfadada, viendo por anticipado la alfombra recién limpiada cubierta de salsa de tomate y pasta. La niña, sobresaltada por el grito, deja caer el plato y ambas, madre e hija, contemplan, horrorizadas, cómo la alfombra se va embebiendo de salsa roja.

«¡YA PUEDES ESTAR CONTENTA! ¡MIRA LO QUE HAS HECHO!», ruge la madre mientras agarra a la niña por los hombros. «¡ME HE PASADO TRES HORAS ENTERAS LIMPIANDO ESTA ALFOMBRA Y MÍRALA AHORA! ¡CUÁNTAS VECES TENGO QUE DECIRTE QUE NO VENGAS A LA SALA DE ESTAR CON COMIDA! ¡MIRA QUE LLEGAS A SER TORPE!», grita la madre zarandeando a su hija.

La niña prorrumpe en llanto y sale corriendo de la habitación.

Eliminadas las huellas del desastre, y olvidado un poco el enfado, la madre empieza con la autorrecriminación.

«¿Qué es más importante para mí, esta estúpida alfombra o mi hija?», se pregunta, llena de remordimientos. «La alfombra, siempre podré limpiarla, en cambio, quién sabe si podré reparar alguna vez el daño que acabo de hacer a mi hija. ¿Qué clase de monstruo soy, para hacer algo así? ¡Oh, Dios, qué culpable me siento! Nunca aprenderé a convivir conmigo misma.»

De todas las emociones humanas, la culpabilidad improductiva es, quizá, la más insidiosa y la más inútil. Hace que nuestros pensamientos queden anclados en el pasado, en una acción emprendida o en una palabra dicha que no cambiará por mucho que nos arrepintamos. Si nos condenamos a nosotros mismos por no haber sido perfectos en el pasado, creamos un presente improductivo, desagradable y, a menudo, paralizador.

La experiencia de ser padres está plagada de ocasiones para el sentimiento de culpabilidad. Muy pocos de nosotros disponemos del tiempo, la energía y los medios necesarios para alcanzar el nivel que nos gustaría alcanzar como padres. Cuando no llegamos a cumplir nuestras expectativas poco realistas de perfección, nos castigamos —muchas veces sin piedad— por nuestros «fracasos».

Pero hay esperanza. Si bien es imposible evitar los errores futuros, existen maneras de escapar de una trampa que desgasta y deprime tanto, como es el sentimiento de culpabilidad, que nos tiene prisioneros de los errores del pasado.

1. Corrija la situación dentro de unos límites realistas.

Muy bien, o sea que se ha portado como el peor de los monstruos. Su hija está sollozando en su habitación. Usted sabe que se ha equivocado y su sentimiento de culpabilidad va en aumento. ¿Qué hacer ahora?

En primer lugar, evalúe el daño causado. ¿Ha sido físico, psicológico o de las dos clases?

A continuación, sopese las opciones que se le presentan para corregir la situación. Quizá le resulte útil elaborar una lista de las ventajas y los inconvenientes de cada una de ellas. El procedimiento de anotarlo con el siguiente formato suele resultar muy terapéutico.

OPCIONES PARA CORREGIR LA EQUIVOCACIÓN

OPCION 1:

VENTAJAS	INCONVENIENTES

Corrija la situación dentro de unos límites realistas.

Por último hable con su hija y admita su error.

En el caso de los espaguetis sobre la alfombra, la madre de Raquel se hallaba estresada a causa de la fiesta que estaba preparando. Quería que todo saliera a la perfección. Después de pasarse trabajando toda la mañana, en un segundo, había visto disolverse todos sus esfuerzos en un flash de pasta volando. Ahora está deprimida y se siente culpable. ¿Qué puede hacer?

El efecto que esa escena ha tenido en Raquel es más psicológico que físico, aunque zarandear a un niño puede resultar peligroso y causarle un serio perjuicio.

Después de que ambas se hayan calmado, la madre necesita comunicarle a su hija que siente haberse enfadado tanto. Puede explicarle que estaba preocupada por problemas de mayores y que «se pasó» al reaccionar con tanta violencia. Los niños son muy intuitivos y captan la voluntad de pedir perdón, aunque no comprendan todas las palabras o qué originó los gritos.

La madre cogerá a la niña en brazos, le ofrecerá prepararle otro plato de espaguetis y se sentará con ella mientras se los come.

En caso de que la mamá necesite ayuda para controlar el estrés que la vida genera, no se arriesgará a descargarlo sobre su hija, sino que contemplará la posibilidad de ponerse en contacto con especialistas que puedan aconsejarla, hará un cursillo o entrará en alguna asociación (véase n.º 5, pág. 113).

2. Perdónese a usted misma/o por no ser perfecta/o.

Los padres cariñosos y concienciados, capaces de perdonar a sus hijos, a sus respectivos cónyuges y a sus amigos todo tipo de transgresiones e imperfecciones, se aferran muy a menudo al sentimiento de culpabilidad que les asalta cuando consideran que no han estado a la altura de lo que se exigen a sí mismos. Estos papás y mamás, sensibles y preocupados por su tarea, rechazan de lleno autoperdonarse por no ser los padres perfectos. Y ese sentimiento de culpabilidad se va acumulando.

Cada nuevo día ofrece innumerables oportunidades para sentirse más culpable todavía. Quizá se encuentre exhausto a causa de un largo día y un lento y penoso viaje de vuelta a casa. Nada más cruzar el umbral de la puerta, su hija le pide que la ayude a hacer un trabajo que le han encargado en la escuela para el día siguiente. Usted explota. Le grita que no es usted el que está en 5.º de EGB, sino ella, y que, por tanto, ella debe ser la que haga los deberes, y no intentar que alguien se los haga. La envía a su habitación y le ordena que no salga de allí hasta que tenga el trabajo terminado. Luego, cuando ha tenido ocasión de descansar y reflexionar, el sentimiento de culpabilidad le asalta.

Quizá se esté preguntando de dónde va a sacar el dinero para llegar a fin de mes cuando los gemelos le dicen que quieren bicicletas nuevas para su cumpleaños. A usted, por poco, le da un soponcio, de manera que les replica de inmediato que no sólo no va a haber bicicletas, sino que tampoco habrá fiesta y que, de hecho, pueden estar contentos si reciben una postal de felicitación.

El sentimiento de culpabilidad que experimenta por el hecho de no ser más previsora se concentra ahora en lo culpable que se siente por haber reaccionado con tanta brusquedad.

Puede ocurrir también que tenga que ausentarse de casa durante cuatro días a fin de asistir a una conferencia que se celebra en otra ciudad. Si bien su esposo, su madre y la canguro van a estar en casa para cuidar de su bebé, usted tiene la seguridad de que esa separación marcará al niño para toda la vida. La culpabilidad que siente la tiene completamente abrumada.

No importa lo mal que pueda sentirse por haber descargado su tensión sobre el niño, perdónese y comprenda que usted lo hizo lo mejor que pudo en ese momento.

Los únicos seres humanos perfectos no están ya en este mundo. Si usted se encuentra todavía en él, será porque, como al resto de los mortales, aún le quedan muchas cosas que aprender. De modo que relájese y... ¡bienvenido a la raza humana!

Nota: Si cree que la falta cometida es tan «imperdonable» que usted debe «pagar por ella», diseñe su propio sistema para subsanarlo. Lo más productivo que podría hacer por usted y por su hijo es inscribirse en un cur-

Perdónese a usted mismo por no ser perfecto.

sillo de educación para padres o pedir consejo a un profesional. También puede hacer algo para ayudar a otros niños de su barrio. Existen docenas de grupos y organizaciones, incluso en el pueblo más pequeño, que necesitan voluntarios.

3. Olvide el pasado y concéntrese en el presente.

Si trabaja de contable y comete un error al computar una columna de números, usted se limitará a corregir la falta y seguirá adelante. Si conduciendo se equivoca de dirección y tuerce a la izquierda en lugar de a la derecha, dará la vuelta y tomará la dirección correcta. Si marca un número de teléfono equivocado, colgará y volverá a marcar el que corresponda.

Toda secretaria sabe que alguna vez cometerá algún error de mecanografía. E incluso el mejor cocinero es consciente de que habrá ocasiones en que no conseguirá ligar la salsa o el soufflé no le subirá.

Cuando en nuestra vida cotidiana cometemos errores de este tipo, no nos pasamos horas lamentándonos de lo ocurrido, nos limitamos a corregir lo que está mal hecho y continuamos trabajando.

¿Por qué esperamos ser perfectos en nuestro papel de padres, y cuando descubrimos que no lo somos, nos martirizamos sin piedad, a veces incluso hasta el punto de ponernos enfermos?

No importa lo grave que pueda ser la falta que usted cree haber cometido; lo hecho, hecho está. Corrija el error, haga todo lo posible por perdonarse a sí mismo y, a otra cosa.

Es el momento de la *acción*.

Haga algo *nuevo*. Algo *divertido*. Vaya a algún sitio donde no haya estado nunca. Empiece a cuidar de sí mismo y así podrá manejar mucho mejor el estrés cuando éste aparezca. Acuda a un balneario o inscríbase en un curso de yoga. Salga con sus amigos (pero no les hable de lo culpable que se siente). *Empiece hoy a disfrutar de la vida.*

Olvide el pasado y concéntrese en el presente.

4. Use afirmaciones para evolucionar hacia un cambio positivo.

Las afirmaciones son herramientas capaces de hacer milagros. Escoja unas cuantas de la lista que sigue a continuación o bien fabríquese sus propias afirmaciones. Escríbalas quince veces diarias durante una semana, y dígalas siempre que le sea posible. Cuélguelas por la casa y llévelas en su coche. Es una estupenda manera de reemplazar los pensamientos y autojuicios negativos, perpetuados por el hecho de aferrarse a un sentimiento de culpabilidad.

Yo, _____, estoy preparada/o para olvidar mi sentimiento de culpabilidad, aceptando que lo hice lo mejor que supe, dadas las circunstancias del momento.

Yo, _____, voy a emprender los pasos necesarios para proveerme de nuevas y mejores maneras de ser padre/madre.

Yo, _____, me perdono por no ser perfecto/a.

Yo, _____, perdono a mi hijo/a por no ser perfecto/a.

Yo, _____, tengo ahora el valor suficiente para decir «lo siento».

Yo, _____, puedo guiar a mi hijo/a sin necesidad de controlarle.

Yo, _____, voy a suprimir mi necesidad de controlar.

Yo, _____, voy a olvidarme de mis expectativas poco realistas con respecto a mí y a mi hijo/a.

Yo, _____, ya estoy libre de pensamientos autodestructivos.

Yo, _____, doy la bienvenida en mi vida a la alegría y la risa.

Yo, _____, he elegido experimentar la paz en lugar de la culpa.

Yo, _____, voy a marcarme metas realistas a partir de ahora.

Yo, _____, estoy preparada para vivir el presente en lugar del pasado.

Use afirmaciones para evolucionar hacia un cambio positivo.

5. Inscríbase en un cursillo, grupo de apoyo y/o busque consejo profesional.

Existe mucha ayuda disponible para aquellos padres que tienen la impresión de que sus acciones o palabras podrían estar perjudicando a sus hijos o que sienten la necesidad de poder contar con un apoyo especial y con la comprensión de otras personas a la hora de desempeñar su papel de padres. Casi todos los municipios ofrecen centros de ayuda o teléfonos, a los que se puede recurrir para averiguar dónde acudir en su zona de residencia, a fin de superar los problemas que le preocupan a usted o a su hijo.

Entre los más útiles se encuentran:

- Las clases para padres por grupos específicos de edad
- Grupos de terapia para la autoestima
- Grupos de terapia para la comunicación
- Cursos de firmeza
- Grupos de apoyo para:
    Padres por grupos de edad de los hijos
    Madres y padres solteros
    Padrastros y madrastras
    Padres de niños disminuidos
    Padres divorciados

Inscríbase en un cursillo, grupo de apoyo y/o busque consejo profesional.

CÓMO TRATAR EL SENTIMIENTO DE CULPABILIDAD

- Corrija la situación con unos límites realistas
- Perdónese por no ser perfecto/a
- Olvide el pasado y piense en el presente
- Use afirmaciones para evolucionar hacia un cambio positivo
- Inscríbase en un cursillo, grupo de apoyo y/o busque consejo profesional

R

CÓMO TRATAR EL SENTIMIENTO DE CULPABILIDAD

√ CORRIJA LA SITUACIÓN CON UNOS LÍMITES REALISTAS
√ PERDÓNESE POR NO SER PERFECTO/A
√ OLVIDE EL PASADO Y PIENSE EN EL PRESENTE
√ USE AFIRMACIONES PARA EVOLUCIONAR HACIA UN CAMBIO POSITIVO
√ INSCRÍBASE EN UN CURSILLO, GRUPO DE APOYO Y/O BUSQUE CONSEJO PROFESIONAL

Recetado por _____ Carolyn Ann Meeks _____ D.M.

12 • Cinco maneras de ser una familia feliz

1. Recuerde, ¡páselo bien!

Dentro de cada adulto se esconde un niño, espontáneo y desinhibido, que recuerda cómo se siente uno cuando rebosa alegría; un niño que todavía desea y necesita jugar. El único problema es que en algún momento del camino hacia la edad adulta asumimos la idea de que debíamos ignorar esa necesidad, negarla, enterrarla. Y en el momento en que tuvimos hijos, la mayoría de nosotros éramos ya muy buenos controlando a los demás y a nosotros mismos, pero habíamos olvidado lo que es pasarlo bien.

Uno de los mayores regalos que se puede ofrecer a un niño es el de ser papás y mamás felices, el de saber descubrir en eso que llamamos *vida* su faceta humorística. Bill Cosby es un maestro en la materia. Una de las razones que le han hecho tan popular radica en que nos da permiso para reírnos de nosotros mismos y para divertirnos siendo padres.

DEJE QUE SUS HIJOS
LE ENSEÑEN A
SER ALEGRE

¡Páselo bien!

Fíjese atentamente en sus hijos cuando ríen y se lo están pasando en grande, incluso hasta el punto de parecer ingobernables.

Sin juzgarlos y sin tratar de controlarlos, intente tomar contacto con la pura tontería del momento, con la alegría desinhibida, la excitación y la total absorción presente que sus hijos están experimentando. Intente respirar algo de su excitación y de su particular percepción del placer. Deje que sus hijos le enseñen a ser alegre.

2. Establezca reuniones familiares para resolver las dificultades.

Todos nosotros querríamos más diversión en nuestras vidas. Eso alivia el estrés. Nos mantiene jóvenes. Hace que la vida valga la pena. Pero ¿cómo va usted a divertirse mientras sus hijos de seis y ocho años se pegan sin piedad en la habitación de al lado, en medio de terroríficos gritos de dolor?, o bien cuando su hija de nueve no cesa de dar vueltas a su alrededor en estado de permanente desesperación porque ustedes no la dejan salir con un muchacho de catorce años, todo vestido de cuero negro y mientras tanto, su marido está a punto de cogerlos a todos y facturarlos en vuelo directo a un internado en el Tíbet?

Es obvio que usted necesitará ayuda para pasar de ponerse frenética a divertirse con ese espectáculo casero.

Puede que la reunión familiar sea precisamente la respuesta que usted anda buscando. Es una forma positiva de abordar conjuntamente los problemas que surgen cuando diversos individuos con necesidades distintas, deseos distintos y personalidades también distintas conviven bajo el mismo techo. Asimismo constituye una excelente oportunidad para planear acontecimientos y actividades familiares.

Funciona de la siguiente manera:

Finalidad:
- Proporciona un fórum para resolver problemas, así como para planificar actividades de ocio.

Reglas básicas:
- Todos los miembros de la familia mayores de tres años son convocados a la reunión. Todas las opiniones son tenidas en cuenta.
- Todos deben asistir a la reunión. Si un miembro de la familia se marcha o interrumpe la reunión, perderá su oportunidad de opinar.

Frecuencia y horario:
- Planifique un tiempo fijo cada semana para la reunión (por ejemplo, los miércoles al término de la cena).

Temas y procedimiento:
- Durante la semana vaya haciendo una lista de todos los problemas y peticiones que deban ser discutidos, considerados o decididos. Un buen lugar para tener la lista es en la puerta de la nevera, donde todo el mundo tenga acceso a ella.
- Puede empezar la reunión con las felicitaciones. Dé a todo el mundo la oportunidad de plantear algo de lo que esté contento, por ejemplo, de un sobresaliente en una prueba del colegio, de haber hecho un nuevo amigo, recibido un cumplido, aprendido algo nuevo, etc.
- También puede empezar por la discusión de lo relacionado con la diversión de la familia. Tal vez una salida de fin de semana, una petición de un plato especial para la cena o para el postre, planes para ver alguna película, hablar de las vacaciones que se acercan, etc.
- Pase ahora a los temas problemáticos; cada miembro planteará sus preocupaciones y comentarios acerca de una situación determinada. Escuche lo que cada uno tenga que decir. Por ejemplo, si usted plantea el problema de las peleas, diga: «Me comprometo a que tengamos más paz en esta familia. Las peleas no pertenecen a esta casa. Como padre, voy a preocuparme de ayudaros a encontrar mejores maneras de controlar vuestros ánimos y a resolver vuestras diferencias. No puedo solucionar este problema sin vuestra colaboración. ¿Qué cami-

220

Establezca reuniones familiares para resolver las dificultades.

nos tenemos para reducir las peleas o para eliminarlas?» Si no se aportan ideas, dé a sus hijos tiempo para pensarlo. Luego deje que cada uno aporte una sugerencia. Exprese también sus ideas al respecto.

Alguien deberá encargarse de anotar todas las sugerencias. Por ejemplo:

Posibles soluciones al tema de las peleas:
Mandar a los implicados afuera para que resuelvan sus diferencias. No podrán entrar hasta que hayan cesado de pelearse.
Mandar a cada uno de los implicados a su habitación respectiva.
Todo el que se pelee deberá poner 25 pesetas en el pote del «Fondo para el alivio del estrés de mamá».
Iniciar una tabla de estrellas por la ausencia de peleas. En cuanto un día no se haya producido ni una pelea, invite a los niños a una pizza para celebrarlo.

Considere toda idea que parezca factible o práctica. Haga una votación para escoger qué solución se pondrá en práctica en primer lugar. Los problemas se resuelven mejor cuando las partes implicadas colaboran en su solución. Si deja que cada uno opine al respecto, les da una oportunidad para ventilar sus sentimientos; el permitir que cada uno exprese sus posibles estrategias para solucionar la cuestión, hace que existan mayores posibilidades de éxito en cuanto se aplican las sugerencias.
Siempre que le sea posible, trate de utilizar las sugerencias de sus hijos en la resolución de los problemas existentes.

3. Piense y planifique la diversión.

La clave de la diversión, en especial para los niños, es la espontaneidad y la creatividad. Una amiga mía solía llevarse de «aventuras» a sus dos hijos cuando éstos eran pequeños. Las aventuras nunca eran muy elaboradas o caras pero, dado que siempre llegaban por sorpresa, los niños las adoraban. De hecho, los hijos de los vecinos siempre preguntaban si podían quedarse a pasar la noche con la esperanza de que hubiera una aventura durante su estancia en la casa.

Una cálida noche de verano, la madre despertó a sus hijos a las once de la noche, los metió en el coche y se los llevó a una terraza a tomar un helado. En otra ocasión, fueron a coger el primer transbordador de la mañana para ir a desayunar a una isla cercana. También hubo una fiesta sorpresa sin motivo especial un día que los niños se encontraron en casa con diez de sus amigos y una montaña de pizzas esperándoles a la vuelta de su entrenamiento semanal de fútbol. Además, algunos sábados mamá decía: «Hoy vamos a olvidarnos de las tareas domésticas y a organizar un picnic», y una mañana de agosto, todos se levantaron a las cuatro de la madrugada y fueron a darse un baño antes de que el sol saliera.

Deje volar su imaginación a la hora de planificar actividades de las que todos disfrutarán, tanto los niños como los adultos.

He aquí algunas ideas para empezar:

- Búsqueda del tesoro para el fin de semana, que requerirá de auténtico ingenio por parte de sus hijos y los amigos de éstos.
- Una visita a un periódico local (muchos organizan visitas), donde los niños puedan observar el fascinante proceso de impresión.
- Una visita a la oficina de papá o de mamá durante la mañana (quizá puede incluir el almuerzo si los niños se han portado muy bien).

Piense y planifique la diversión

- Un poquito de adulación; es fácil, divertido y delicioso.
- Proyectos artísticos: las máscaras de papel maché para Carnaval constituyen un excelente proyecto, así como fabricar guirnaldas para adornar la casa en Navidad.
- Ejercicio físico y deportes: footing, paseos, natación, tenis, bolos, jugar al escondite, o montar en bicicleta. Considere la posibilidad de que toda la familia participe en ellos.
- Minivacaciones: excursiones de un día a la playa, a la montaña o a ese bonito parque que queda cerca de casa.
- Vivac. Si vive en el campo, una estupenda experiencia veraniega consiste en llevarse un día los sacos de dormir y pasar la noche fuera, bajo las estrellas. Esto resulta especialmente excitante hacia el final del verano, cuando más abundan las estrellas fugaces.
- Proyectos de cocina que no requieran demasiada habilidad. Hacer galletas o manzanas al horno, o bien hacer pan (los niños pequeños —a partir de los cuatro años— adoran ese proceso); cualquier cosa que implique la intervención de los niños.
- Excursiones por la montaña; aportan infinitas posibilidades para divertirse y aprender.
- Plantar y cuidar del jardín; cada niño puede tener su propia parcela y comprar las semillas de lo que desee plantar.

Como puede ver, las posibilidades son innumerables y exceptuando unos pocos ingredientes, ninguna de ellas implica gran gasto. Así que diviértase y haga que sus hijos se diviertan.

4. Busque tiempo para la diversión.

Antes de que pueda pasarlo bien con sus hijos, necesita buscar *tiempo* para divertirse con ellos. Eso requerirá que usted determine prioridades, lo que, en realidad, resulta muy fácil.

Elabore una lista cada mañana de las *seis cosas más importantes* que quiere llevar a cabo ese día. La lista debe incluir aquellas que le proporcionarán mayor satisfacción: ir a trabajar, pasar un rato con sus hijos, tiempo para su pareja, hacer ejercicio, tomar un baño de espuma, ir a comprar al supermercado.

Si hay cosas que usted piensa que «debería» hacer, pero no le apetece, no quiere o, simplemente, no tiene tiempo, póngalas en una lista de las cosas que *no* va a hacer ese día: limpiar el garaje, comprar regalos de Navidad, hacer la comida para todos, lavar la ropa, limpiar el comedor a fondo. Ya me entiende.

Dése la oportunidad de ser feliz y quedar satisfecha de lo que ha hecho y olvide el sentimiento de culpabilidad que le provocan las cosas que no ha podido (o no ha querido) hacer ese día.

Ocupándose de lo que es más importante para usted cada día y olvidándose del resto podrá empezar a dejar de lado la idea de que usted necesita ser Superman o la mujer 10 para cumplir con hercúleas tareas que sólo sirven para dejarla exhausta, deprimida y culpable. Así podrá empezar a incluir en sus planes tiempo para la *diversión*.

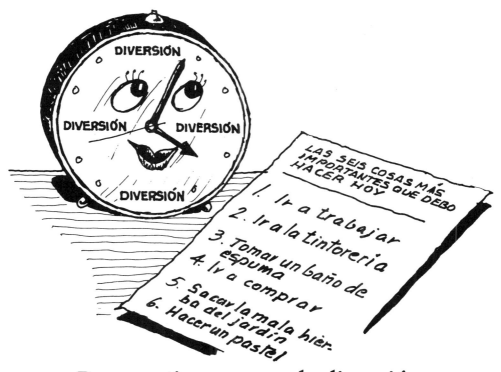

Busque tiempo para la diversión.

5. Celebre cada nuevo día.

Todos y cada uno de los días nos proporcionan algo que celebrar. No tiene que tratarse de algo importante, como un cumpleaños, un ascenso o un aniversario de boda. Puede ser algo tan simple como tener un buen día. Quizá los niños se han ido a la cama sin rechistar cuando usted se lo ha pedido, o ha tenido una cena muy agradable. Es posible que le hayan pagado algo, o después de todo, ha decidido que no necesita un tejado nuevo. Quizá ha visto las primeras flores primaverales o toda la familia se ha encontrado a gusto al mismo tiempo. Hay multitud de razones para estar agradecido, multitud de motivos para celebrar.

VOY A PASAR UN DÍA ESTUPENDO CON MI FAMILIA

Celebre cada nuevo día.

CINCO MANERAS DE SER UNA FAMILIA FELIZ

- Páselo bien
- Establezca reuniones familiares para resolver las dificultades
- Piense y planifique la diversión
- Busque tiempo para la diversión
- Celebre cada nuevo día

 CINCO MANERAS DE SER UNA FAMILIA FELIZ

- √ PÁSESELO BIEN
- √ ESTABLEZCA REUNIONES FAMILIA-RES PARA RESOLVER LAS DIFICULTADES
- √ PIENSE Y PLANIFIQUE LA DIVERSIÓN
- √ BUSQUE TIEMPO PARA LA DIVERSIÓN
- √ CELEBRE CADA NUEVO DÍA

 Recetado por _____ *Carolyn Ann Meeks* ___ D.M.

Bibliografía

Barkley, R.A. y Benton, C.M. *Hijos desafiantes y rebeldes*. Ediciones Paidós, Barcelona 2000.

Brazelton, T. B. *Escuchemos al niño*. Plaza y Janés, Barcelona, 1989.

Brunet, C. y A.-C. Sarfati. *Pequeños problemas y grandes cuestiones*. Ediciones Médici, Barcelona 2003.

Curran, D. *Normas para padres hartos de discutir*. Ediciones Médici, Barcelona 2002.

Davidson, A. y R. *Los secretos de los buenos padres*. Ediciones Médici, Barcelona 1998.

Einon, D. *Comprender a su hijo*. Ediciones Médici, Barcelona 2000.

Faber, A. y E. Mazlish. *Cómo hablar para que sus hijos le escuchen y cómo escuchar para que sus hijos le hablen*. Ediciones Médici, Barcelona 2000. (También en catalán.)

Garber, S. *Portarse bien*. Ediciones Médici, Barcelona 1999.

Gootman, M. *Guía para educar con disciplina y cariño*. Ediciones Médici, Barcelona 2002.

Green, C. *Domar niños*. Ediciones Médici, Barcelona 1999.

Grose, M. *Grandes ideas para educar sin discutir*. Ediciones Médici, Barcelona 2002.

Gürtler, H. *Los niños necesitan normas*. Ediciones Médici, Barcelona 2000.

Herbert, M. *Entre la tolerancia y la disciplina*. Ediciones Paidós, Barcelona 1992.

Kast-Zahn, A. *Aprender normas y límites*. Ediciones Médici, Barcelona 2002.

Nitsch, C. y C. von Schelling. *Límites a los niños. Cuándo y cómo*. Ediciones Médici, Barcelona 1999.

Pearce, J. *Berrinches, enfados y pataletas*. Ediciones Paidós, Barcelona 2002.

Pearce, J. *Peleas y provocaciones*. Ediciones Paidós, Barcelona 1996.

Rinaldi, G. *Escuchemos al niño*. Ediciones Paidós, Barcelona 1993.

Steede, K. *Los diez errores más comunes de los padres y cómo evitarlos*. Editorial Edaf, Madrid 1999.

Turecki, S. y L. Tonner. *El niño difícil*. Ediciones Médici, Barcelona 1995.

Apéndice

Afirmaciones para los padres

Las afirmaciones pueden ser poderosas expresiones de un compromiso de cambio. Use estos pensamientos positivos para reemplazar el autoescepticismo y la autocrítica. Extraiga sus afirmaciones favoritas de la lista siguiente. Escriba o pronuncie estas afirmaciones quince veces al día durante cuatro días. Estas afirmaciones se convertirán en parte de usted de una manera poderosa y positiva.

Yo, _____, soy un/a padre/madre, y cada día descubro nuevas formas de disfrutar de esta condición.

Yo, _____, me lo estoy pasando realmente bien con lo que estoy haciendo en este momento.

Yo, _____, adoro ser padre/madre, y cada día descubro nuevas formas de disfrutar de esta condición.

Yo, _____, estoy dispuesto/a a aceptar abundante energía positiva en mi vida.

Yo, _____, soy honesto conmigo mismo/a acerca de lo que es realmente importante para mí, en contraposición con lo que las personas que me rodean valoran.

Yo, _____, me preocupo lo suficiente de mis hijos como para ponerles límites.

Yo, _____, me siento estimulado/a por todas las posibilidades que se me presentan en la vida.

Yo, _____, voy a abrirme al máximo para recibir el amor de los demás.

Yo, _____, estoy dispuesto/a a tener cada días distracciones, paz, descanso, alegría, dinero, tiempo para mis hijos, tiempo para mí, etc., en mi vida.

Yo, _____, contemplo a mis hijos como los seres maravillosos, únicos y deliciosos que son, y estoy dispuesto/a a demostrar   lo mucho que los quiero.

Yo, _____, estoy preparado/a para dejar de lado el sentimiento de culpabilidad, sabiendo que lo hice mejor que pude en tal situación, dadas las circunstancias de aquel momento.

Yo, _____, perdono a mis hijos por no ser perfectos.

Yo, _____, voy a tomar las medidas necesarias para procurarme nuevas y mejores maneras de educar a mis hijos.

Yo, _____, tendré valor para decir «lo siento».

Yo, _____, me perdono a mí mismo/a por no ser perfecto/a.

Yo, _____, puedo guiar a mi hijo sin necesidad de controlarlo.

Yo, _____, a partir de ahora, voy a prescindir de mi necesidad de controlar.

Yo, _____, doy la bienvenida en mi vida a la alegría y la risa.

Yo, _____, voy a olvidarme de mis expectativas poco realistas con respecto a mí y a mi hijo.

Yo, _____, a partir de ahora, elijo vivir en paz, en lugar de vivir con sentimiento de culpabilidad.

Yo, _____, me he liberado de los pensamientos autodestructivos.

Yo, _____, voy a proponerme objetivos realistas.

Yo, _____, estoy dispuesto/a a vivir el presente en lugar del pasado.

Yo, _____, puedo resolver el mal comportamiento de mi hijo, cuando se produzca, de una manera constructiva.

Afirmaciones que puede dirigir a su hijo

He aquí pensamientos positivos que usted puede darle a su hijo. Siéntase libre para adoptarlos o bien para crear otros nuevos pensados especialmente para su hijo.

Eres muy bueno solucionando problemas.

Puedes aprender de tus errores.

Es normal que a veces te sientas triste.

Puedes hacer nuevas amistades.

Tú debes desahogarte.

Puedes pedir lo que quieres.

Puedes fiarte de tus sentimientos.

Puedes convertir esa queja en una petición.

Soy muy feliz de tenerte en mi vida.

El mundo es mejor desde que tú formas parte de él.

Estoy muy contenta de que seas como eres.

Te quiero tal como eres.